Horst Beckmann

Aus Großmutters Zeiten

Erinnerungen an meine Kindheit und Jugend in Pommern 1926–1945

Herausgegeben von Jürgen Kleindienst

Zeitgut Verlag

Die im Buch veröffentlichten Abbildungen und Dokumente stammen – sofern nicht anders vermerkt – aus dem Privatbesitz des Verfassers.

Bibliografische Information der Deutschen Bibliothek
Die Deutsche Bibliothek verzeichnet diese Publikation in der Deutschen Nationalbibliografie; detaillierte bibliografische Daten sind im Internet über http://dnb.ddb.de abrufbar.

Zeitgut Verlag GmbH, Berlin
Klausenpaß 14, 12107 Berlin
Telefon 030 - 70 20 93 0, Telefax 030 - 70 20 93 22
E-Mail: info@zeitgut.de
Herausgeber: Jürgen Kleindienst
Lektorat: Andrea Cramer, Glaucha
Umschlaggestaltung: Daniel Kreisel, Berlin
Druck: GGP Media GmbH, Pößneck
Printed in Germany
ISBN 978-3-86614-182-7

www.zeitgut.de

Gewidmet meinen Kindern
Birgit
Michael
Matthias
Christhild

Horst Beckmann, geboren 1926 in Stargard in Pommern, ist evangelisch-lutherischer Pfarrer. Bis 1975 war er Gemeinde- und Strafvollzugspfarrer in Bremerhaven. Von 1975 bis 1989 war er Gemeindepastor in Hagenburg am Steinhuder Meer. Er ist Autor verschiedener theologischer Bücher und Schriften.
Horst Beckmann lebt heute im Ruhestand in Stadthagen am Steinhuder Meer.

Inhalt

Zum Nachdenken

Gern habe ich immer wieder einmal meine Kindheit vor Augen, zumal danach das Leben teils sehr bewegt war. Aber während meiner ersten Lebensjahre fast bis zur Konfirmation hatten wir, meine Schwester Christel und ich, eine treue und verlässliche Begleitung. Das war meine Großmutter väterlicherseits, 1856 als Tochter eines Pommerschen Landwirts geboren. Drei Kriege hatte sie miterlebt, den Deutsch-Französischen Krieg 1870/71, den Ersten Weltkrieg 1914 bis 1918 und den Zweiten Weltkrieg 1939 bis 1945 – den allerdings nur bis 1940, als sie starb. Ihr späterer Ehemann Karl Beckmann, auch ein Bauernkind, war neun Jahre älter als sie. Aus dem Deutsch-Französischen Krieg kam er als Feldwebel mit dem Eisernen Kreuz zurück, auf das er sehr stolz war. Sonntags trug er es beim Ausgang zusammen mit anderen Orden auf der Brust.

Großmutter war bei Ende des Deutsch-Französischen Krieges 14 Jahre alt. 1882 heirateten die beiden. Dann brach nach 43 Jahren Friedenszeit unter Kaiser Wilhelm II. im Jahr 1914 der Erste Weltkrieg aus. Großmutter hatte als nun 58-jährige Frau sechs erwachsene Kinder, von denen zwei Söhne in diesem Krieg an der Front blieben. Bis zu ihrem Tod hat sie das nicht verkraften können.

2006 wäre meine Großmutter 150 Jahre alt geworden. Wenn ich bedenke, dass sie uns auch von ihren Eltern und Großeltern erzählt hat, ist es kaum zu fassen, dass all die Geschehnisse, die ich heute noch vor Augen habe, bis zu 200 Jahre zurückliegen.

Ja, unsere Großmutter konnte gut erzählen, aber mehr noch gab es hernach über sie zu berichten. Denn als fromme Frau bekam sie zu der modernen Zeit nur schwer Zugang. So habe ich in diesem Büchlein einige Anekdoten über Erlebnisse gesammelt, die ich mit meiner Oma hatte. Die letzten Geschichten haben sich nach ihrem Tod zugetragen, aber bei jeder könnte ich fragen: Was hätte Großmutter dazu gesagt?

Oft habe ich mit meinen Berichten aus der alten Zeit die Gesellschaft erheitert und möchte nun auch gern die Leser dieses kleinen Buches über diese Zeitspanne staunen und schmunzeln lassen.

Horst Beckmann
März 2011

Heimkehr und Inflation

1921. Die Weimarer Republik, 1919 durch die erste Deutsche Nationalversammlung in Weimar gegründet, war zwei Jahre alt. Der Krieg hatte viel Not und Trauer in die Familien und unter die Bürger gebracht. Eltern trauerten um ihre Söhne, Frauen um ihre Männer, und Kinder hatten ihre Väter verloren und waren Halbwaisen geworden. Die Mütter mussten weitgehend ohne staatliche Hilfe versuchen durchzukommen, und Arbeitsplätze gab es für sie kaum.

Zu den trauernden Eltern gehörten auch meine Großeltern, von denen zwei Söhne im Krieg geblieben waren. Um ihren Sohn Erich, meinen Vater, bangten sie noch und warteten, denn kurz vor Kriegsende geriet er in französische Gefangenschaft.

Drei Jahre später, 1922, stand Vater plötzlich vor der Tür. Die Freude und Überraschung meiner Großeltern muss unbeschreiblich gewesen sein. Vater war nun voller Tatendrang und wollte mit seinen 24 Jahren eine Existenz gründen. Aber noch im selben Jahr begann die Inflation, die größte und schlimmste des 20. Jahrhunderts. Wenn junge Menschen heute fragen: „Was ist Inflation?“, will ich mit der folgenden Anekdote antworten:

Das Konfirmationsgeschenk

In der Kirchengemeinde feierte man Ende der siebziger Jahre eine diamantene Konfirmation. Nach dem Gottesdienst war im Gemeindesaal gemütliches Beisammensein, bei dem jeder einen Beitrag geben sollte. Der Schuhmachermeister des Dorfes, einer der alten Konfirmanden – er hatte den originellen Namen Agathon, zu Deutsch der Gute – erhob sich. Er war übrigens ein besonderes Original in der Dorfgemeinschaft und leitete auch den kirchlichen Posaunenchor.

„Tja“, begann Meister Agathon, „ich hatte als Kind einen großzügigen Patenonkel. Nach meiner Einsegnung stellte er sich vor mir auf, gab mir Ratschläge fürs Leben und überreichte mir dann ein Kuvert. Ich traute meinen Augen nicht: Es enthielt einen Hundertmarkschein!

‘Dafür, lieber Helmut, kaufst du dir ein Fahrrad!’ , sagte er.

Ein richtiges Fahrrad? Was werden die Freunde sagen? Gangschaltung gab es damals natürlich noch nicht, auch keinen Freilauf, und Ältere unter uns wie ich erinnern sich, dass die ersten Räder noch Vollgummireifen hatten. Aber für hundert Mark bekam man schon ein sehr gutes Rad.

Am Abend, als wir wieder allein waren, sprach mich Vater auf das wertvolle Geschenk an:

‘Weißt du, Helmut, das Geld geben wir zur Bank. Lass es noch Zinsen bringen, denn morgen brauchst du das Rad ja noch nicht.’

So legten wir für mich 1919 ein Sparbuch an. Erste Einlage: Hundert Mark!

Aber dann kam es zur Inflation; das Geld verlor zunehmend an Wert, und die Ersparnisse schrumpften täglich mehr zusammen. Für ein Fahrrad reichte meine

Anlage schon nicht mehr. So wollte Mutter das Geld abheben, um mir noch ein Oberhemd zu kaufen, aber Vater meinte: ‘Kommt Zeit, kommt Rat.’

Die Zeit kam und guter Rat wurde teuer. Aber als ich dann sah, wie Vater täglich Berge von Geldscheinen nach Hause brachte, um sie am selben Tag noch in wenige Lebensmittel umzusetzen, damit wir am nächsten Tag zu essen hatten, bestand auch ich auf meinem Geld. Ich ging mit dem Sparbuch zur Bank. Man zahlte mir meine Spareinlagen nebst Zinsen aus. Nun hatte ich mein großzügiges Konfirmationsgeschenk wieder

Ein Hundertmarkschein aus der Vorzeit der Inflation.

als Bargeld in der Hand. Etwa 108 Mark waren mit Zinsen daraus geworden. Dem Bankbeamten war es sichtlich peinlich, mir nur noch eine so winzige Summe auszahlen zu können. Doch was würde ich dafür überhaupt erwerben können?

Nebenan wohnte der Kaufmann. Über dem Schaufenster stand mit großen Buchstaben:

KOLONIALWAREN.

Als ich den Laden betrat, fragte die Nachbarin, die mich kannte:

'Na, Helmut, was hast du auf dem Herzen?'

Ich legte meine Ersparnisse auf den Tresen.

'Ich hab' mein Sparkonto geleert', sagte ich leise.

Die Kaufmannsfrau überblickte natürlich schnell,

1923 ließ die sogenannte Hyperinflation das Geld vollkommen wertlos werden. Die hundert Reichsmark vom Sparbuch von 1919 reichten selbst für einen Bismarckhering nicht mehr aus.

welches Elend mich jetzt überfallen würde. Jeden Tag bekamen die Banken damals neu gedruckte Geldscheine mit immer höheren, abenteuerlichen Werten. Täglich eilten die Leute in die Läden, um rasch das Nötigste zum Leben zu kaufen. Am nächsten Tag würde es bereits noch teurer sein.

Da meinte die Kaufmannsfrau:

'Du isst doch gerne Hering?'

Sie wollte mich offenbar nicht enttäuschen.

Ich nickte. Schon griff sie nach der Holzzange, die über dem Fassrand hing und packte mir einen Bismarckhering ein. Den habe ich dann mit Genuss zu Hause gegessen, denn schließlich hatte ich ihn von meinem ersten gesparten Geld gekauft. Das großzügige Konfirmationsgeschenk meines Patenonkels, gedacht für den Kauf eines Fahrrads, war zum Wert eines Bismarckherings zusammengeschrumpft!

Eigentlich hätte ich damals traurig sein müssen, vielleicht war ich es auch, aber heute weiß ich, dass das Leben dennoch weiterging.“ Und etwas traurig beendete Meister Agathon damit seinen Beitrag.

. . .

Ähnliches erlebten unzählige Familien unseres Volkes, das durch den verlorenen Ersten Weltkrieg und die damit verbundenen Kriegsschulden am Boden lag. Die Banken konnten den Bürgern nicht helfen. Das oft mühsam ersparte Geld war vollkommen verloren und man lebte nur von dem wenigen Einkommen, das am Tag von den Arbeitnehmern verdient und als bares Geld nach Hause gebracht wurde.

So erging es auch meinen Großeltern, die nicht nur zwei Söhne im Ersten Weltkrieg verloren hatten, sondern nun auch ihre Ersparnisse, mit denen sie ihren Kindern zu einer neuen Zukunft verhelfen wollten. Dennoch waren sie alle zunächst glücklich, denn der lange vermisste Sohn Erich – mein späterer Vater – war wieder zu Hause.

Ende des Jahres 1923 kamen diese Eintausendmarkscheine von 1922 in den Umlauf, die durch rote Überdrucke mit neuem Wert versehen wurden. Hier war es zum Beispiel ein roter Überdruck „Eine Milliarde Mark". Kurz danach gab es sogar Scheine mit „Fünf Milliarden Mark". Dann setzte endlich die Rentenmark dem Wahnsinn der Inflation ein Ende.

Das alte Haus und seine Ziege

Man schrieb das Jahr 1923. Noch immer herrschte Inflation. Älteren Menschen und Zeitzeugen ist diese Rückschau geläufig, doch für einen heute 20-jährigen wirken die Ereignisse soweit entfernt wie 300 Jahre auf einen 75-jährigen wirken: in jedem Fall ist es die vierfache Zeitspanne seines bisherigen Lebens. Das wird beim Erzählen oft nicht bedacht und erklärt vielfach das geringe Interesse junger Menschen an 50 bis 70 Jahre zurück liegenden Ereignissen.

Die Inflation brachte zunehmend Not für das Volk. Die Entwertung des Geldes ging so weit, dass ein Dollar den Wert von vier Billionen Mark hatte, zwölf (!) Nullen hinter der Vier. Das war der höchste Stand. Noch im selben Jahr kam es zur Einführung der Rentenmark und damit von einem Tag zum anderen zu einer stabilen Währung. Nun hatte man auch Nachholbedarf, besonders bei der Renovierung von Gebäuden, an denen seit Kriegsbeginn nichts mehr geschehen war.

So war es auch an meinem Elternhaus. Es war ein mittelalterlicher Bau, eines der ältesten Häuser in der Altstadt in unmittelbarer Nähe des Marktplatzes der alten Kreisstadt Stargard in Pommern, gegenüber der großen gotischen Backsteinkirche, der Marienkirche. Deshalb nannte man die kleine Straße mit den drei Häusern auch „An der Marienkirche“. Ursprünglich soll es zusammen mit den beiden neben ihm stehenden Häusern ein Kloster gewesen sein, von dem aus die

Mönche die Kirche versorgt hatten.

Ein zugemauerter unterirdischer Gang vom Keller zur Kirche legte dafür Zeugnis ab. Der sehr tief gelegene, immer kühle, aber große Gewölbekeller hatte durch eine kleine Fensterluke kaum Tageslichteinfall. Und weil das ganze Haus nur durch Petroleumlampen ausgeleuchtet wurde, ging man auch in den Keller die steile Steintreppe hinunter nur mit einem Kerzenleuchter wie Onkel Fritze mit der Zipfelmütze von Wilhelm Busch.

Für uns Kinder war der Keller nur interessant, wenn ein Elternteil dabei war, denn es gab dort allerhand zu entdecken, aber sonst bekamen wir Angst, zumal mitunter auch eine kleine graue Maus über die Regale huschte. So denke ich auch zurück an manche Bestrafungen. Wer ungezogen war und vom Vater Prügel bekommen hatte, wurde zusätzlich in den dunklen Keller gesperrt, in der Hoffnung, dass das Kind dadurch endgültig zur Besinnung kommen würde. Ich erinnnere mich an einige solcher Strafen und Maßnahmen; trotzdem habe ich meine Eltern bis zu ihrem Tod lieb behalten.

Der Eingangsflur des Hauses war mit roten Backsteinen gepflastert, die einmal in der Woche mit rot gefärbtem Wasser geschrubbt wurden. Eine zweiflüglige romanische Haustür, durch die der Wind in den Flur pfiff, war breit genug, um zum dahinterliegenden Innenhof größere Sachen transportieren zu können. Sie stand wie das ganze Haus unter Denkmalsschutz.

Ja, der kleine Innenhof inmitten der Stadt hatte allerhand aufzuweisen. Vier Stufen musste man hinaufgehen, weil der Hof höher lag als die Parterrewohnung. Stand man auf dem Hof, war zur Linken ein kleiner Viehstall für Schweine, später nur noch für die Milchziege, die schon lebenswichtig war, denn immerhin mussten von einem Monatseinkommen in dieser „guten alten Zeit“ sieben Kinder ernährt werden.

Ich weiß noch – denn mich gab es da schon –, dass man im Sommer die Ziege durch das Haus geführt hat, um sie nachmittags auch mal auf die „Weide“ zu bringen. Natürlich passierte es dann schon mal, dass sie nicht bis zum Auslauf wartete und unangenehme Spuren im frisch gescheuerten Hausflur hinterließ. Vor dem Haus wurde sie in einen großen Handwagen verladen, und dann fuhr man mit ihr zur Parzelle, ein zwei Morgen großer Landbesitz, der zum Haus gehörte, 20 Minuten Fußweg entfernt.

Für die Großeltern waren das keine Umstände; sie kamen beide aus der Landwirtschaft und sind in bäuerlichen Familien groß geworden. Aber auch die Ziege kannte das schon, ebenso das Treppensteigen, vier Stufen vom Hof hinab zum Flur und nach dem Ausflug wieder zurück. Sie freute sich darüber, und während man dann im Garten arbeitete, hatte die Ziege ihren Auslauf auf einer kleinen Wiese, bis es wieder mit dem Handwagen und der Ziege darin nach Hause ging.

Zur rechten Seite auf dem Hof war ein überdachter Platz für die Drehrolle, heute bekannt als Wäschemangel, die noch besonders beschrieben werden muss. Dann führte eine ausgetretene hölzerne Treppe zu einer Mansarde, die sich über dem Stall befand. Sie wurde an Fahrschüler vermietet, für die die öffentlichen

Meine Großeltern Louise Beckmann, geb. Lange (geb. 1856) und Karl Beckmann (geb. 1847). Opa trägt am Sonntagsanzug seine Orden, die er gern wechselte, weil es mehrere waren.

Verkehrsmittel von ihrem Dorf zur höheren Schule in der Stadt zu ungünstig waren. Nun, die Mansarde brachte monatlich auch noch fünf Mark Miete. Das Meckern der Ziege hatte der Schüler kostenlos, während die Verpflegung zu Selbstkostenpreisen berechnet wurde. Dafür brachten die Schüler von ihrem Hof dann auch mal eine Wurst und Schinken mit.

Die Wohnung im Parterre hatte zwei Zimmer, Küche und Kabinett. Letzteres war nicht etwa eine vornehme Geheimkanzlei, sondern das Schlafgemach der Großeltern und hatte seinen Namen, weil durch ein Fenster zum Hof nur wenig Tageslicht hereinkam, zumal der Hof noch teilweise überbaut war. Derartige Kabinette waren zu dieser Zeit üblich. Großzügiger als die Wohnung im Parterre war die in der ersten Etage, zumal auch der Überbau über der Drehrolle dazugehörte. Nicht zuletzt durch den Ersten Weltkrieg hatte das Haus baulich viel Nachholbedarf aufzuweisen. Doch die Großeltern als Hausbesitzer fühlten sich wohl und wollten keine Veränderungen dulden.

Als ich noch nicht geboren war

Es war 1925, als Vater, nachdem er geheiratet hatte, seine Meisterprüfung machte und dadurch einen Tischlereibetrieb eines alten Kollegen übernehmen konnte. Sein erster Lehrling, den er im darauffolgenden Jahr anstellte, war Willi Lemke. Willi lernte fleißig und legte nach vier Jahren eine gute Gesellenprüfung ab. Dem Betrieb blieb er treu, bis er zur Wehrmacht eingezogen wurde. So wurde er mein erwachsener Freund. Die Schrecken des Krieges führten im Frühjahr 1945 zur Flucht und Vertreibung in den Westen Deutschlands. So hörte ich erst Jahrzehnte nach dem Krieg wieder von Willi Lemke, der in Oldenburg verheiratet war. Bald machten meine Frau und ich uns auf, um Willi zu besuchen.

In der dritten Etage eines Mietshauses stand Frau Lemke an der Wohnungstür auf dem Flur und begrüßte uns, als seien wir alte Bekannte. Dann führte sie uns ins Wohnzimmer, wo Willi in einem bequemen Sessel am Fenster saß und die Zeitung las. Er war alt geworden, aber als er uns sah, sprang er auf, als wollte er seinen Meister begrüßen, nahm mich in den Arm und sagte:

„Horst, du siehst aus wie dein Vater."

Nachdem ich meine Frau vorgestellt hatte, machten wir es uns gemütlich. Die ersten Worte hatten wir gewechselt, als Willi verschmitzt meine Frau anschaute und sagte:

„Ihren Mann habe ich schon gekannt, als er noch nicht geboren war."

„Wie kommst du darauf?“, fragte ich zurück. „Das weiß ich ja gar nicht.“

„Du weißt so manches nicht“, konterte Willi, „aber du weißt sicher, dass eure Werkstatt ursprünglich eine Fleisch- und Wurstfabrik war. Wenn du durch den Maschinenraum in die Spänekammer kamst, konntest du an der Decke noch einige Haken sehen, an denen früher Würste und Schinken zum Räuchern hingen. Und dann hatte das Haus einen winkligen niedrigen Anbau. Du erinnerst dich. Das war früher der Pferdestall, den der Vorgänger deines Vaters auch zum Werkraum ausgebaut hatte. Vier Hobelbänke standen drin, und ich hatte meine Bank am Fenster, sodass ich über den Hof zur Toreinfahrt gucken konnte. Neben mir hatte der älteste Lehrling seinen Arbeitsplatz.

Jeden Freitag vor Feierabend gegen fünf Uhr kam Frau Meister über den Hof in die Werkstatt und brachte uns den Wochenlohn. Die Gesellen bekamen das Geld in einer Lohntüte, auf deren Rückseite die Abrechnung stand mit Steuerabzügen, Krankenkassen- und Arbeitslosenbeitrag. Wir Lehrlinge bekamen unseren Taler in die Hand gedrückt, im ersten Lehrjahr drei Mark, im zweiten vier, dann fünf, und wenn der älteste Lehrling besonders tüchtig war, kriegte er auch schon acht Mark die Woche. Drei Mark waren für mich viel Geld; zwei Mark musste ich davon zu Hause abgeben, eine durfte ich behalten, aber Mutter achtete darauf, dass ich auch einige Groschen in die Sparbüchse steckte.

Für fünf Pfennige (in Euro umgerechnet etwa drei Cent) bekam man schon eine große Spitztüte mit Bonbons oder schwarze Lakritzfigürchen; auch zwei Brötchen kosteten fünf Pfennige. Die Bonbons waren natürlich nicht eingepackt, sonst wären sie teurer gewesen. Sie mussten bald verputzt werden, sonst klebten sie zusammen. Jeden Freitagabend freuten wir uns, wenn Frau Meister über den Hof kam, um das Geld zu bringen.

Eines Tages sagte der älteste Lehrling zu mir:

'Ich glaube, unsere Frau Meister ist nicht mehr allein.'

Ich verstand ihn nicht, aber er wollte es mir auch nicht erklären, bis es in der Werkstatt herumging, dass Frau Meister in anderen Umständen sei. Früher trug man ein Umstandskleid, aber wenn das Bäuchlein dikker wurde, sah man doch, was los war. So hatten wir dann Woche für Woche unseren Spaß, wenn Frau Meister kam und das Bäuchlein immer dicker wurde.

'Sie hat einen kleinen Meister im Bauch', scherzten wir in der Werkstatt.

Es war am Freitag vor dem vierten Adventssonntag, als unsere Frau Meister nicht in die Werkstatt kam. Der Meister hatte den Lohn schon mittags mitgebracht, was er sonst nie getan hat, denn wer hatte damals schon 100 Mark oder noch mehr im Portemonnaie?

Sonnabends arbeiteten wir bis mittags ein Uhr; dann mussten die Lehrlinge die Werkstatt säubern, Maschinen putzen, Werkzeug in die Schränke hängen und alles ordnen, was noch zu tun war. Ein bis zwei Stunden hatten wir damit zu tun, je nachdem, ob wir bummelten oder gar Unsinn trieben, was mitunter dazugehörte.

Meine Mutter, Marie Beckmann, geborene Falkenberg, fährt mich 1926 im hochrädrigen Kinderwagen aus. Ich war ihr erstes Kind, und weil sie viel im Geschäft zu tun hatte, hat sich in der Folgezeit meine Oma Louise um mich gekümmert. Der Junge neben meiner Mutter ist mein damals acht Jahre alter Vetter Siegfried aus Pyritz, der zu jener Zeit gerade in Stargard zu Besuch war.

Am folgenden Montag kam der Meister gut gelaunt und fröhlich in die Werkstatt. Wir begannen morgens um halb sieben.

'Gestern haben wir einen kleinen Jungen bekommen. Horst soll er heißen.'

Natürlich kamen von allen Seiten Gratulationen. Und wir haben mit unserer Prophezeiung recht gehabt! Ein kleiner Meister war im Bauch der Frau Meistern. Nun weißt du, Horst, weshalb ich dich schon gekannt habe, bevor du geboren wurdest“, so schloss Willi seinen Bericht.

Willi starb im 98. Lebensjahr, aber aus mir ist kein Meister geworden.

Pust dat Licht ut!

Die Rentenmark war nun stabil und hatte gute Kaufkraft. So machte es auch wieder Freude, die Lohntüte nach Hause zu bringen. Die Großeltern freuten sich, ihren Jungen zu Hause zu haben, aber nun musste auch das Haus modernisiert werden, und da gab es zwischen den Generationen schon einige Schwierigkeiten. Alle Erneuerungen, alles Moderne war besonders der Großmutter zuwider, für die als fromme Frau alles Neue Düwelstüch (Teufelszeug) war.

Inzwischen war mein Vater Erich verheiratet, war ein solider Handwerksmeister geworden und hatte einen gutgehenden Tischlereibetrieb übernommen. Aber das Elternhaus war noch das alte geblieben und für einen Handwerksbetrieb, bei dem Kundschaft ins Haus kam, nicht geeignet. Vor allem hatten die Petroleumlampen auf dem Flur und in den Zimmern ausgedient. Vater wollte das Haus elektrifizieren, aber das brachte nicht geringe Spannungen mit den Eltern. Wenn Großmutter mit der schnaufenden Kleinbahn zu den Verwandten in die benachbarten Dörfer fuhr, sah sie natürlich bei der abendlichen Rückfahrt besonders im Winter, dass schon manche Wohnungen durch elektrischen Strom erleuchtet waren.

Dass ins eigene Haus die moderne Elektrik hineinkommen sollte, konnten die Großeltern lange Zeit nicht mittragen, bis Vater sich schließlich doch mit berechtigten Argumenten durchsetzen konnte. Doch dadurch hing der Hausfrieden einige Zeit lang schief. Schließlich wurden die Leitungen installiert; der Flur, alle Wohnzimmer, Küche und auch der Keller bekamen elektrisches Licht. Ein Bad und Toilette hatte man noch nicht, dafür gab es auf dem Hof im Ziegenstall ein abgeteiltes Plumpsklo, und für die Kinder wurde am Wochenende in eine Zinkwanne heißes Wasser geschüttet, in dem Mutter uns abschrubbte. Von den aufwendigen Installationsarbeiten konnte ich mir nur erzählen lassen, aber es war schon spannend, den Eltern zuzuhören. Großmutter soll den Handwerkern ziemliche Schwierigkeiten bereitet haben, wenn die damals noch dicken Kabel auf die guten, wenn auch schon überfälligen, Tapeten genagelt wurden. Und als es soweit war, und der erste Schalter bedient wurde, durch den das Wohnzimmer in Sekundenschnelle erleuchtet wurde, soll Oma laut gerufen haben: „Dat is Düwelstüch!" (Das ist Teufelszeug!).

Sie soll sich sehr schwergetan haben, sich an das neue elektrische Licht zu gewöhnen. Die Petroleumlampe durfte zunächst nicht ersetzt werden, sondern wurde, wenn es Abend wurde, nach wie vor von ihr mit einem Fidibus angezündet und vor dem Schlafengehen ausgepustet.

So lernten wir Kinder auch die Oma in ihrer Wesensart kennen, denn meine zwei Jahre jüngere Schwester Christel und ich schliefen nach Opas Tod bei der Großmutter im Kabinett, nicht zuletzt, um ihr Gesellschaft zu leisten, aber wir mochten es auch sehr gern. Wenn die Dämmerstunde eintrat, setzte sich Oma mit uns, jeder an einer ihrer Seiten, auf die Ofenbank. Besonders im Winter, wenn in der Ofenröhre die Bratäpfel garten, erzählte sie Märchen oder Geschichten aus der „guten alten Zeit", also teils aus ihrer eigenen Kindheit, die nun auch schon etwa 70 Jahre zurücklag; Großmutter war 1856 geboren.

Wenn das elektrische Licht noch angeschaltet war und die Zeit kam, um schlafen zu gehen, zog sich Oma mit uns Kindern ins Kabinett zurück und wies den letzten, der aus dem Wohnzimmer kam, an:

„Pust dat Licht ut!" (Puste das Licht aus!)

Wir sollten also den Lichtschalter bedienen. Oma dachte dabei aber nach wie vor an die Zeit mit der guten alten Petroleumlampe, die über dem Glaszylinder ausgepustet wurde.

„Pust dat Licht ut!", blieb Omas Weisung bis zu ihrem Tod im Jahr 1940.

Die Drehrolle

Ich habe sie noch gut in Erinnerung, die Drehrolle auf unserem Hof. Sie war ursprünglich die Aufgabe und ein kleines zusätzliches Einkommen unserer Großmutter. Wenn man auf den Innenhof des alten Hauses kam, so war dort ein überdachter Platz, auf dem die Drehrolle stand. Die Rolle, wie wir sagten, war eine handbediente Wäschemangel. Sie bestand aus einem großen Buchenkasten, einer Wippschaukel, etwa 2,50 Meter lang, entsprechend breit und vielleicht 50 Zentimeter hoch. Dieser Holzkörper war zur Beschwerung mit großen „Wackersteinen“ gefüllt, so wie im Märchen von Rotkäppchen und dem Wolf. Dieser wuchtige Kasten lief in der Mitte durch einen gusseisernen Rahmen, an dem sich die Aufhängung befand, in der der schwere Holzkasten schwebte. Eine in der Mitte über dem Schwebekasten angebrachte Zahnradkonstruktion hatte eine Übertragung zu einem an der Seite installierten Handschwengel, der kräftig mit dem Arm und der Hand gedreht werden musste, um so die Wippschaukel hin und her laufen zu lassen. Dieser durch die Feldsteine beschwerte Holzkasten lief nun vor und zurück, um unter sich ein mit Wäsche umwickeltes Rollholz aus Buche, den sogenannten Rollbaum, zu bewegen, damit die „aufgebäumte“ Wäsche geglättet wurde.

Neben der Drehrolle stand der sogenannte Aufbäumtisch, ein glatter Tisch, ebenfalls aus Buchenholz, auf dem die Wäsche auf einem Aufbäumtuch verteilt war.

Das Rollholz oder der Rollbaum wurde dann auf dieses Ganze quergelegt und das Tuch mit der zu rollenden Wäsche um das Rollholz gewickelt. Zum Rollen schob man dann das Holz auf der Seite unter die Wippe, wo sie gerade hochstand. Dann wurde die Wippe angerollt, sodass man auch unter die andere Seite einen solchen Rollbaum legen konnte. Der Schwengeldreher musste den Kasten solange hin und her rollen, bis die Wäsche glatt war. Das musste man im Gefühl haben. Auf jeden Fall war es keine leichte Arbeit, sowohl für die Hausfrau, die die Wäsche aufbäumte, als auch für den, der den Schwengel drehte. Entweder war das ein Sohn oder der Ehemann, wenn er Feierabend hatte. Während des Rollens bäumte die Frau dann von Zeit zu Zeit immer wieder neue Wäsche auf.

Großmutters Rolle war schon alt, und ich erinnere mich, dass oft der Schmied kommen musste, um an der Halterung oder an den Zahnrädern etwas zu schweißen, wenn es wieder einmal ein Malheur gegeben hatte.

Die Einnahmen für die Rollstunden deckten kaum noch die Reparaturkosten. Aber die Drehrolle war Großmutters Betrieb und Lebenswerk, das nun allmählich zu ihrem Hobby wurde.

Eine Rollstunde kostete 30 Pfennige, ein Brot zum Vergleich 40 Pfennige. Viele Kunden kamen nur für eine halbe Stunde für 15 Pfennige oder für noch kürzere Zeit, die dann erst einmal kostenlos war und beim nächsten Mal mitbezahlt wurde, wenn die Kundschaft dann über eine halbe Stunde die Rolle mietete. Die Rollzeiten rundete Oma stets nach unten ab. Die Kundschaft meldete sich an und „bestellte die Rolle“, bekam

Die hier abgebildete Drehrolle ist eine einfache Ausführung. Der Handschwengel musste, wenn der Rollkasten am Anschlag angekommen war, noch in die entgegengesetzte Richtung gedreht werden, um den Kasten zurückzufahren.
Bei Großmutters Drehrolle war oben in der Mitte eine Zahnradkonstruktion mit einer Transmission zum Handschwengel angebracht. Dadurch musste der Schwengel stets nur in einer Richtung gedreht werden.
Auf dem Bild steht neben dem Handschwengel ein Aufbäum-holz, zwei weitere liegen links und rechts unter dem Kasten.

eine Zeit zugewiesen, zu der sie begann, und wenn sie fertig war, meldete sie sich im Wohnzimmer, um zu bezahlen. Großmutter schaute dann etwas gebückt über ihre selten saubere Brille mit ovalen Gläsern und Drahtgestell auf ihren Regulator mit dem Zifferblatt mit römischen Zahlen und las die Zeit ab. Aber es kam auch vor, und das nicht selten, dass die Kundschaft nicht gleich zahlen konnte und 15 Pfennige anschreiben ließ.

Zusätzlichen Ärger hatte Großmutter, wenn die Kunden ihre kleinen Kinder mitbrachten, die dann „ungezogen“ auf dem Hof herumtobten, die Ziege oder die Katze ärgerten und auch mal eine Scheibe einwarfen. Auch das gehörte zur „guten alten Zeit“.

Alles in Butter

Eine wahre Begebenheit aus meiner Kindheit lässt auch mich noch einmal schmunzeln. Ich war noch nicht eingeschult; Kindergärten gab es nicht. Dafür war Großmutter das Kindermädchen, denn Mutter hatte im Geschäft zu tun, und jeden Tag wollten zwölf hungrige und auch fleißige Menschen ein gutes Mittagessen haben. Zu ihnen gehörten einige Handwerker aus dem Betrieb und jeweils der Fahrschüler, der vom Dorf bei uns in Pension war. Abendbrot aßen wir dann nur in der Familie im Wohnzimmer der Großmutter – der ausgezogene Esstisch stand unter dem alten Regulator. Großmutter räumte jedes Mal nach dem Essen den Tisch ab – und ich war gerne hilfsbereit.

„Oma, wo kommt die Butter hin?"

„Red' nich soon dummes Züch; stell' se unners Bett!" (Rede nicht so ein dummes Zeug; stell sie unter das Bett!)

Natürlich hätte ich mir die mehr rhetorische Frage wohl sparen können, denn ich wusste, daß die für die Mahlzeiten ständig gebrauchten Lebensmittel, die nicht unbedingt die Kellerkühle nötig hatten, in die Glasvitrine im Kabinett kamen. Aber da ich gehorsam war, wie es Großmutter stets erwartete – weil sie schnell ihren linken Pantoffel auszog, mit dem wir dann unsere Prügel bezogen – schloss ich die Butterdose und brachte sie ins Kabinett.

Am nächsten Morgen fehlte die Butter auf dem

Großmutter auf dem Kirchplatz mit mir, dem kleinen „Hausmann", der die Butter unters Bett geschoben hatte.

Tisch, und alles Suchen war vergeblich. Ich selber erweckte den Anschein, als hätte ich das Suchen gar nicht ganz wahrgenommen, und war nicht an der Unruhe interessiert. Schließlich wurde ein neues Stück Butter angebracht.

Aber dann kam alles zutage. Jeden Freitag hatte unsere Mutter bei der Oma großen Putztag. Natürlich wurde auch das Kabinett, unser Schlafgemach, gefegt und aufgewischt. Und was entdeckte meine Mutter?

Unter Großmutters Bett holte sie mit dem Besen nicht nur Omas Nachttopf hervor, sondern daneben noch die vermisste Butterdose mit der Butter, die dort zwei Tage einen Sonderplatz eingenommen hatte. Großmutter muss sich tüchtig geärgert haben. Auch Vater erfuhr von meinem Streich, und so blieb die „Belohnung“ nicht aus. Der Rohrstock lag immer auf dem Schlafzimmerschrank bereit und schaute ein bisschen hervor. Wir Kinder sollten wissen, dass damit nicht zu spaßen war – so auch am Tag, als Mutter die Butter entdeckte.

Und dann war alles wieder in Butter.

Die Kartoffeln sind gar

1925 übernahm Vater von einem alten Kollegen den Tischlereibetrieb. Natürlich gab es dafür dann auch die notwendigen und für damalige Verhältnisse modernen Veränderungen. Zu ihnen gehörte die Anschaffung des Telefons, dessen erste Ausführung ich später noch kennengelernt habe.

Es war ein Wandtelefon mit einem Zahlenwählrad – nicht mehr. An der einen Seite befand sich eine Kurbel, die man bedienen musste, um den Nebenanschluss zu bekommen, und dort klingelte es dann so lange, wie man an der Kurbel drehte, das war also schon sehr modern. Die Verbindung innerhalb des Ortes stellte man durch die Wahl der Nummer des Teilnehmers her – ebenso wie heute. Aber das Fernmeldeamt war auch bereit, eine solche Verbindung zu vermitteln, wenn die Nummer nicht bekannt war. Dafür wählte man dann die Null und bekam das Amt. Genauso verfuhr man, wenn eine Verbindung zu einem anderen Ort zustande kommen sollte, die nur durch das Fernmeldeamt vermittelt werden konnte. Großmutter war insoweit eingewiesen, als dass sie beim Klingeln den Hörer abnahm und sich meldete. Für sie persönlich gab es keine Anrufe, da die Verwandtschaft und Bekanntschaft selbst noch keine Anschlüsse hatte. So diente auch meinem Vater der Fernsprecher nur für Gespräche mit Berufskollegen, Behörden und besonders betuchter Kundschaft. Aber eine Nebenverbindung gab es zum Betrieb, der zu Fuß etwa zehn Minuten entfernt war.

In den Weihnachtstagen fuhr unsere Mutter grundsätzlich vom ersten Christtag bis einschließlich Neujahr mit uns Kindern zu ihrer Mutter, also zur Großmutter mütterlicherseits nach Stolzenhagen-Kratzwik, während Vater wegen der Weihnachtsgeschäfte mit der Eisenbahn später nachkam und uns abholte. Großvater war damals schon verstorben. Für uns Kinder war diese Reise immer ein dreifaches Erlebnis, abgesehen davon, dass wir die beste Kleidung tragen mussten, denn nur so fuhren wir mit der Eisenbahn und zu Weihnachten zur Oma. Meine Schwester trug ihr schönstes Sonntagskleid und ich, wie immer sonntags, meinen blauen Bleyle-Marineanzug. Dann freuten wir uns auf die Bahnfahrt zu der nächsten Großstadt Stettin.

Den Bahnhof erreichten wir mit dem Stadtbus vom Markt aus, den wir nur sehr selten benutzten, da wir in der unmittelbaren Nähe des Marktes wohnten. Natürlich hatten wir in der Bahn 3. Klasse einen Fensterplatz, um auch alles, was an Neuem auf uns zukam zu beobachten, selbst wenn es nur das Ein- und Aussteigen der Reisenden an der nächsten Haltestelle war. Vom Stettiner Hauptbahnhof aus gingen wir, und das war das zweite große Erlebnis einmal im Jahr, zum Hafen, um mit einem kleinen Passagierschiff zu fahren, das „Else“ oder „Lisa“ hieß, je nach dem Vornamen der Kapitänsfrau. Wir brauchten eine Stunde bis zu dem Ort, in dem unsere Großmutter wohnte. Die Schiffahrt kostete für ein Kind nach meiner Erinnerung zehn Pfennige. Die Fahrt die Oder flussabwärts bereitete uns großes Vergnügen und hinterließ viele Eindrücke, wenn wir auch brav neben unserer Mutter sitzen mussten. Da die in der Ferne wohnende Großmutter zehn Jahre jünger war als die Mutter unseres Vaters, die bei uns wohnte, war zur Unterscheidung die eine die „junge“, die andere die „alte“ Oma; mit ihren Vornamen durfte man sie nicht anreden. Aber auch die junge Oma war schon 1866 geboren. Dort angekommen, erwartete uns die dritte große Freude, nämlich die zweite Weihnachtsbescherung, die von der „jungen“ Oma sehr spannend vorbereitet worden war. Auch hier wurde, wie zu Hause, vor der Bescherung eine kleine Weihnachtsfeier abgehalten, bei der sich Mutter ans Klavier setzte und die von uns gesungenen Weihnachtslieder begleitete. Jedes Kind musste wieder sein Gedicht aufsagen, bis der Weihnachtsmann dann seine Gaben verteilte.

Vater hatte am ersten Weihnachtstag noch in Stargard im Kirchenchor mitzusingen. Bevor er zur Kirche ging, bat er seine Mutter, in der Werkstatt anzurufen, wenn das Mittagessen fertig wäre, denn er wollte nach dem Gottesdienst noch im Betrieb nach dem Rechten sehen, bevor er zu uns nach Stolzenhagen abreisen würde. Mittags um 12 Uhr klingelte in der Werkstatt das Telefon:

„Herr Beckmann, Sie möchten nach Hause kommen, die Kartoffeln sind gar.“

Vater stutzte, aber dann meldete sich das Fräulein vom Fernmeldeamt:

„Ja, Herr Beckmann, Ihre Mutter hat bei mir angerufen. Vermutlich hat sie statt zu kurbeln die Null gewählt. Ihre Mutter hat dann nur, ohne meine Anfrage abzuwarten, ins Telefon gerufen:

„Erich, kümm nach Hus, dei Patüffel sin goar! (Erich, komm nach Hause, die Kartoffeln sind gar!)

Und dann hat sie aufgelegt. Aber Sie wissen, bei unserer modernen Technik ist alles möglich. Ich habe sofort den Klappenschrank durchgesehen und dann entdeckt, dass der Anruf von Ihrem Anschluss gekommen war. So konnte ich dann auch zu Ihrem Betrieb durchschalten, und nun wissen Sie, dass das Mittagessen für Sie bereit steht."

Das war also offensichtlich Großmutters erstes selbstständiges Telefongespräch. Eine Premiere mit großem Erfolg. Und Vater hatte, als er uns nachgefahren war, in der Gesellschaft Lustiges zu erzählen.

Schwarz-Weiß-Rot

Es war kurz nach der sogenannten Machtübernahme durch Adolf Hitler 1933. Die ersten Zeichen der Neuzeit standen auf Sturm, denn zunehmend wuchs der Judenhass, und Vater hatte mehrere jüdische Geschäftsfreunde. Großmutter kaufte Textilien, Wäsche, Gardinen oft und gern in jüdischen Geschäften, und wir Kinder mussten sie begleiten und erlebten Oma beim Handeln. Häufig fiel für uns dabei etwas ab. Aber mit der wachsenden Judenverfolgung machte sich auch die auf das deutsche Volk zukommende Diktatur zunehmend bemerkbar.

Die nationalsozialistischen Organisationen SA (Sturmabteilung) und SS (Saalschutz) wurden zu vielen Anlässen als „Ordnungshüter" eingesetzt. Bei der ersten Reichstagswahl nach der Machtübernahme am 5. März 1933 – sie lief noch halbwegs demokratisch ab – haben bereits SA- und SS- Männer vor den Wahllokalen gestanden und Obacht gegeben, wie sich der einzelne Wähler nach dem Urnengang verhielt. Und schon nach diesen Wahlen sollen 30 bis 40 langjährige verdiente Angestellte der Stargarder Stadtverwaltung, die nicht linientreu waren, fristlos entlassen und durch NS-Parteimitglieder ersetzt worden sein.

Am 12. November 1933 fand noch einmal eine Reichstagswahl statt, die dann schon diktatorisch angesetzt war im Zusammenhang mit dem Volksentscheid für oder gegen die weitere Mitgliedschaft beim

Völkerbund. Diese Wahl sollte auch die Regierungszusammensetzung endgültig „bereinigen“, damit danach dann nur noch nationalsozialistische Abgeordnete dem Parlament angehörten. Jeder Wähler bekam nach dem Urnengang eine Blechplakette mit der Aufprägung „Ja“, die er ans Revers oder an den Mantelumschlag zu klemmen hatte. Das sollte aussagen: „Ich habe gegen die weitere Mitgliedschaft Deutschlands beim Völkerbund gewählt“.

Auch diese Aktion wurde von den Nationalsozialisten beobachtet. Es sollen sogar SS- und SA-Männer an den Wahlurnen gestanden und die Wähler bei ihren Wahlentscheidungen beobachtet haben. Ein Geschäftsfreund meines Vaters erzählte, dass ein SA-Mann über die Wand seiner Wahlkabine geschaut habe, um seine Wahlentscheidung zu beobachten. Auch haben sich SA- und SS-Leute vor den Wahllokalen postiert und kontrolliert, wer seine Plakette angeklemmt hatte und wer nicht. Diese Szenen habe ich selber noch gut in Erinnerung.

Noch am Abend nach dieser Wahl wurden einzelne Männer, aber auch Frauen, aus ihren Wohnungen geholt, so erzählte später mein Vater, ins Stadttheater gezerrt, dort die Kellertreppe hinuntergestoßen und dann bis zur Besinnungslosigkeit zusammengeschlagen. Damit die Schreie nicht bis in die Gaststube durchdrangen, hat eine SA-Kapelle lautstark im Saal zum Tanz aufgespielt. Zu den Opfern gehörte ein weiterer guter Geschäftsfreund meines Vaters, der Handels- und Leimvertreter Eduard Beseler aus dem Eschenweg, der meinem Vater darüber später vertraulich berichtet hat.

Ein weiterer Name wurde mir später bekannt: Der 24-jährige, jung verheiratete Paul Griebenow aus der Schmelingsgasse, von dem man erzählte, dass er sich während dieser Prozedur erhängt habe. Aber es gab zuverlässige Berichte, die von einer Ermordung durch den Strang sprachen. Obwohl die Nazis versuchten, diese Aktion zu vertuschen, kam es nach Monaten noch zu einer Aufklärung und dann zu einem Prozess, bei dem einige an der Aktion beteiligte SS-Leute zu Gefängnisstrafen verurteilt wurden. Es ist sicher angebracht, die beiden Namen der Opfer zu nennen, um ihnen stellvertretend für die anderen Unbekannten an dieser Stelle ein kleines Denkmal zu setzen.

Bei allen möglichen Gelegenheiten wurde das Flaggen angeordnet, natürlich mit der Hakenkreuzfahne. Alternativ war in der ersten Zeit des beginnenden Dritten Reiches, also nach 1933, noch die schwarz-weiß-rote Fahne der Kaiser- und der Weimarer Zeit genehmigt, bis sie dann nur gemeinsam mit der Hakenkreuzfahne gehisst werden durfte, um schließlich ganz verboten zu werden. Die Eltern hängten so lange die schwarz-weiß-rote Fahne aus dem Fenster, bis sie damit, gerade auch weil sie Geschäftsleute waren, ihre Schwierigkeiten bekamen. Erste Kritik erlaubte sich unsere Nachbarin. Sie war jüngst in die Nationalsozialistische Deutsche Arbeiterpartei, kurz NSDAP, eingetreten; vorher war sie aktives Mitglied einer linken Partei gewesen. Mit dem Zeitpunkt ihres Gesinnungswechsel hatte sie Glück, denn nicht weit von uns entfernt wurde einige Jahre zuvor schon ein Stargarder Bürger von seinen ehemaligen Genossen auf offener Straße erschossen, weil er als einstiger Kommunist zur NSDAP übergetreten war. Die Straße bekam dann seinen Namen: Franz Engel.

Der Sohn unserer Nachbarin ist ein kleiner Hitlerjugend-Führer geworden. Er leitete den Fanfarenzug und ließ grundsätzlich seine Jungen bei Dienstschluss vor dem Haus seiner Eltern aufmarschieren, um sie nach einem Marschlied als Ständchen für die Mutti nach Hause wegtreten zu lassen. Die Mutter stand derweil gerührt am Fenster und bedankte sich mit einem lang anhaltenden Hitlergruß, also mit erhobenem rechten Arm, bei der jungen Schar.

Das nachbarschaftliche Verhältnis war ursprünglich gut. Gern kam die Nachbarin, um sich von Großmutter diverse hauswirtschaftliche Geräte zu entleihen. Ich übertreibe nicht, wenn ich von Handfegern, Kochtöpfen, einem Kaffeesieb oder von Zwirn und Bindfaden spreche. Wenn Großmutter etwas suchte, war es bei der Nachbarin. Als diese Dame sich aber dem Nationalsozialismus verschrieben hatte, konnte sie auf Nachbarschaftshilfe verzichten. Umso mehr Schwierigkeiten bereitete sie dann meinen Eltern, die sich politisch zurückhielten, zumal Vater der konservativen Deutschnationalen Volkspartei nahestand, die für die Wiederherstellung der Monarchie eintrat. Das führte schließlich dazu, dass Vater von der Nachbarin mit einer Anzeige bedroht wurde, falls er weiterhin nur die schwarz-weiß-rote Fahne hisse.

Aber auch wir Kinder bekamen den Fanatismus der Nachbarsfrau zu spüren. Wenn wir sonntags über die Straße zum Kindergottesdienst gingen, mussten wir unter dem Fenster der Nachbarin vorbei, aus dem sie dann herausschaute, um uns böse Worte nachzurufen. Gern nahmen wir auch den Sohn unseres rechten Nachbarn mit in die Kirche, unseren Spielkameraden, bis es auch damit eines Tages ein übles Ende hatte. Sein Vater, auch er bereits ein aktives Mitglied der NSDAP, stand eines Tages in seiner braunen Uniform vor unserer Haustür, um unseren Vater energisch zurechtzuweisen. Ich höre heute noch, wie er schrie:

„… und wenn Sie meinen Sohn noch einmal von Ihren Kindern mit in die muffige Kirche nehmen lassen, haben Sie es die längste Zeit gut gehabt. Ich werde Sie dann der Kreisleitung melden, und die Folgen werden Sie zu spüren bekommen!“

So erlebten schon die Kinder den politischen Umbruch und damit auch den Kirchenkampf.

Der Radiomann

Man schrieb das Jahr 1934. Unser Volk wurde durch eine Pressemeldung aufgerüttelt: SA-Stabschef Ernst Röhm sei auf Veranlassung Hitlers erschossen worden und mit ihm einige Kampfgenossen wie der letzte Reichskanzler der Weimarer Republik, Kurt von Schleicher, der NS-Politiker Gregor Strasser und über 70 weitere SA-Männer und einflussreiche Persönlichkeiten aus dem öffentlichen Leben, die hinter Röhm gestanden und sehr früh die auf Deutschland zukommende Misere erkannt hatten und deshalb Hitler stürzen wollten.

In der nächsten Rede vor dem Reichstag sagte Hitler sinngemäß:

„Wenn man mir den Vorwurf entgegenhält, weshalb wir nicht die ordentliche Gerichte zur Aburteilung herangezogen hätten, kann ich nur sagen: In dieser Stunde war ich allein verantwortlich für das Schicksal der deutschen Nation und damit oberster Gerichtsherr."

Also jetzt schon absolute Diktatur! Als diese Nachricht bekannt wurde, war für meinen Vater klar, wohin der Weg jetzt führen würde, und ich erinnere mich seines Ausspruches, den er später oft wiederholte:

„Das ist der Anfang vom Ende!"

Nun war es für Vater an der Zeit, sich ein Radio anzuschaffen. Natürlich hatte er den „Familienrat" informiert, aber es wurde nicht beraten. Vater kaufte sich den ersten Rundfunkempfänger, einen „Schaub", ein damals sehr teures Radio. Den Volksempfänger für 33

Reichsmark gab es noch nicht. Ich habe vor meinen Augen einen großen nußbaumbraun polierten Kasten. Und so wie heute ein neuer Fernseher unmittelbar nach dem Kauf angeschlossen werden muss, erwartete auch Vater mit Spannung den Feierabend, da für ihn die ersten Radiowellen durch den Äther im Haus „An der Marienkirche Nr. 2“ ausgestrahlt werden konnten. Vater selbst konnte bei der Montage am Tag nicht zugegen sein. Doch als er aber am Abend nach Hause kam, erlebte er eine Enttäuschung. Kein Radio erwartete ihn zu Hause!

Er fragte die Großmutter, ob der Radiomann nicht dagewesen sei.

„Joa“, sagte die Oma kurz und verärgert, „ick hew em wedder na Hus schickt.“ (Ich hab’ ihn wieder nach Hause geschickt.)

„Und warum?“

„So’n Düwelstüch kümmt nich in mien Hus.“

(So ein Teufelszeug kommt nicht in mein Haus.)

Noch war sie Hausbesitzerin.

Doch Vater bestellte den Monteur erneut zum nächsten Tag und war dann bei der Aufstellung des Rundfunkgerätes vorsorglich selbst zugegen. Schließlich hat sich die alte Dame dann auch an diese Neuheit gewöhnt, zumal an jedem Sonntag, wohl noch aus der Weimarer Zeit herrührend, ein Gottesdienst gesendet wurde. Stehend vor dem Vertiko mit den Glastüren, auf dem die neue Errungenschaft ihren Platz gefunden hatte, und dicht mit dem Ohr am Sender, hörte Großmutter nun sonntags, natürlich dann in ihrem sonntäglichen Kleid, ihre Andacht, zumal sie beim Kirchgang zunehmend ihre Schwierigkeiten hatte, die Orgelmusik gut zu hören.

Errungenschaften der „guten neuen Zeit“ setzten sich immer mehr durch, und auch die damals ältere Generation musste mit der Jugend Schritt halten. Es dauerte auch nicht lange, da war das Rundfunkgerät für Oma der beste Gesellschafter und Unterhalter.

Ein Hanomag-Garant

Zehn Jahre war ich alt. Wie so oft bin ich über den Markt geschlendert, den wir vor der Tür hatten. Dort gab es stets viel Leben und Abwechslung, besonders wenn die Soldaten unserer Garnisonsstadt zur Vereidigung oder dann die braunen Verbände der Nationalsozialisten zu Kundgebungen aufmarschierten. Mich interessierte aber auch anderes, so das Autogeschäft Dossow, das neue Modelle im Schaufenster oder auch vor dem Laden auf dem Marktplatz ausgestellt hatte. Die Autohändler führten damals alle bekannten Marken, ob Opel, Mercedes, Borgward, Horch, DKW oder welche auch immer. Da sie aber nicht wie heute ein großes Neuwagenangebot zur Besichtigung hatten, wurden die gewünschten Wagen von den Kunden auch nach Katalog bestellt. Und wenn sie eingetroffen waren, blieben sie für ein paar Tage zur allgemeinen Ansicht beim Verkäufer.

So habe ich dann wie ein Alter die neuen Autos betrachtet, die vor dem Geschäft auf dem Marktplatz standen. Mein Blick war dabei auf ein ganz besonders schönes Exemplar gerichtet. Es war ein Hanomag-Garant, ein viersitziger Personenwagen, beige lackiert, die Kotflügel etwas dunkler abgesetzt, Baujahr 1936. Der Kühler hatte, wie auch heute die Oldtimer, ein engmaschiges Kühlergitter, in dem dann durch den Fahrtwind die toten Fliegen und Mücken hängen blieben.

Der Preis: 2.650 Reichsmark, ein stattlicher Betrag, wenn man bedenkt, daß ein Facharbeiter etwa einen

1936: Vater war sehr stolz auf sein erstes Auto, einen Hanomag-Garant mit Plattenanhänger.

Stundenlohn von 75 Pfennig hatte. Aber der Wagen war Klasse!

Der Tacho wies 120 Stundenkilometer aus, wenn er diese in Wirklichkeit auch nicht erreichte, aber für damalige Verhältnisse war er einfach Spitze. Und dann in dieser revolutionären Lackfarbe, während alle anderen Autos noch schwarz lackiert waren. Der Wagen war zweitürig. Um an den Kofferraum zu gelangen, wurden die hinteren Sitzlehnen nach vorn geklappt, wie man es heute noch bei Kleinwagen kennt. Ich konnte mich nicht sattsehen, zumal die notwendige Anschaffung eines Autos in der Familie schon seit längerer Zeit im Gespräch war.

Fernsprecher: Stargard 75.

Autohaus Dossow

Markt 6.

Verkauf neuer und gebrauchter Kraftwagen

gewählter Fabrikate.

Tankstelle / Reifenstock / Garagen

Autowerkstätten.

Auto-Lohnfahrten u. Auto-Fahrschule seit 1910

unter eigener Leitung.

Zeitungsanzeige der Firma Dossow, bei der mein Vater seinen Führerschein erwarb. In den Fahrstunden gab es Einführungen in den Straßenverkehr und zum gekauften Auto. Der Firmenchef und Fahrlehrer ließ sich dabei auch von seinem Gesellen vertreten. Den dann ausgestellten Führerschein brachte er selber zum Rathaus. Er wurde vom Oberbürgermeister der 40.000-Einwohner-Stadt persönlich unterschrieben.

Vater musste seine Lieferungen an die Kunden durch Lohnfahrten vornehmen, und die kosteten nicht nur Geld, sondern konnten auch nicht immer zeitlich so durchgeführt werden, wie die Kundschaft es erwartete. Deshalb war ein motorstarker Pkw mit Hänger im Gespräch.

Ich kam nach Hause, als auch Vater anwesend war, was durchaus nicht immer selbstverständlich war. Schon schwärmte ich von dem Hanomag, den ich auf dem Marktplatz vor dem Autohaus Dossow entdeckt hatte. Vater hörte wohl zu, schmunzelte und blieb aber sehr verhalten.

Am nächsten Tag stand der beigefarbene Wagen vor unserer Tür. Vater war also der Käufer des flotten Automobils, das noch für ein paar Tage für die Allgemeinheit zur Schau gestanden hatte und bewundert worden war. Die Freude war besonders für meine Schwester Christel und mich unbeschreiblich. Natürlich wurde in der Schule sofort berichtet. Aber schon hing wieder der Haussegen schief. Großmutter war entsetzt! „Düwelstüch“ stand wieder vor unserer Tür. Mit Kraftfahrzeugen stand Oma auf Kriegsfuß, besonders Motorräder hasste sie, weil die an ihrem Fenster laut vorbei knatterten. Für sie waren es „Bodderkästen“ (Butterkisten). Aber nun auch noch ein eigenes Auto?

Das war für Großmutter unmöglich!

Vater hatte tagelang bei seiner Mutter einen schweren Stand, bis es ihm schließlich gelang, das Eis halbwegs zu brechen. Trotzdem wollte Großmutter von dem neuen Gefährt zunächst nichts wissen und ignorierte es, wenn es auch vor der Tür stand. Und obwohl sie gern in ihrem Korbstuhl am Fenster saß, würdigte sie dieses neue Besitzstück nicht eines einzigen Blickes.

Omas erste Autofahrt

Es waren Sommerferien. Vaters Schwester, Tante Lieschen, hatte uns Kinder und Oma schon Jahr für Jahr nach Kolberg eingeladen zum reizvollen Ostseestrand. Bisher war die Reise unmöglich gewesen, weil sich Großmutter die Bahnfahrt mit uns Kindern nicht zutraute, nicht zuletzt wegen des mehrfachen Umsteigens. Aber nun bot sich als erste Gelegenheit eine Autoreise dorthin an. Vater hatte 1936 ein Auto gekauft und den Führerschein erworben. Was würde Oma dazu sagen?

Die Verhandlungen waren schwierig. Für Oma waren Autos genauso wie Radios und andere technische Neuheiten immer wieder Teufelszeug. Diplomatisch machte Vater seiner Mutter den Vorschlag zu einer Probefahrt. Er bot ihr an, sie zum Friedhof zu dem Grab ihres Mannes zu fahren, eine Tour von vielleicht einer Viertelstunde; der Friedhof lag am Stargarder Stadtrand. Das war ein interessantes Angebot für Oma, denn die öffentlichen Verbindungen waren nicht gut, fast eine Weltreise, wie man sagt. So nahm Großmutter das Angebot an, wenn auch mit etwas Angst im Gemüt. Vater erzählte später, dass er sehr langsam fahren musste, besonders wenn es in die Kurven oder um die Ecken ging, das Auto hätte ja umkippen können. Während der Fahrt gab es keine Unterhaltung; der Fahrer hätte abgelenkt werden können, so wie heute ein Busfahrer nicht gestört werden darf.

Nach der Rückkehr hat unsere Oma nicht ein Wort von der „großen“ Reise verlauten lassen. Offensichtlich hat ihr das Autofahren weitaus besser gefallen als erwartet, aber zugeben wollte sie es wohl nicht. So konnte Vater seine Mutter dann auch überreden, mit uns im neuen Wagen nach Kolberg zu fahren. Das waren damals 105 Kilometer fast nur durch Dörfer, denn eine Autobahn gab es noch nicht. Die Reichs- und Landstraßen ließen viel zu wünschen übrig.

Nach langen Vorbereitungen, wie man es heute kaum noch kennt, kam dann der große Tag. Großmutter hatte ihrem Sohn zur Auflage gemacht, seinen Freund mitzunehmen, auch einen Tischlermeister, der aber noch kein Auto besaß. So wäre Vater auf dem Rückweg nicht allein, falls es eine Panne geben sollte. Das Einsteigen und Platznehmen geschah unter Omas Regie, zumal sie sich für die Reise entschieden und zugesagt hatte. Vaters Freund musste vorne neben ihm sitzen. Meine Schwester Christel und ich bekamen zu unserer Freude die Fensterplätze hinten rechts und links auf der Bank, was von Oma gut überlegt war. So saß sie zwischen uns und konnte, wenn nötig, während der Fahrt Anweisungen geben; schließlich hatte sie nun schon eine gewisse Fahrpraxis. Das Gepäck war im Kofferraum hinter unserer Bank verstaut. Wir starteten in der Frühe, um den Tag vor uns zu haben, denn wer weiß ...

Die gesamte Fahrt sollte etwa drei Stunden dauern, einschließlich kurzer Pausen. Wenn der Wagen auch schon gut gefedert und gepolstert war, so ließ der Straßenbelag doch sehr zu wünschen übrig. Nach jeweils drei bis vier Kilometern kam man in das nächste Dorf. Die Dorfstraßen hatten nur Kopfsteinpflaster, und die Hühner waren noch nicht wie heute an den Straßenverkehr gewöhnt, sondern liefen ständig vor das Auto, weshalb Vater häufig bremsen musste. Mitunter gab es schon mal einen heftigen Ruck, sodass Oma uns ängstlich anpackte.

Gegenverkehr kannte man kaum; wer machte in jenen Jahren schon eine Vergnügungsfahrt mit dem Auto? Das gab es bei uns auch später nicht. Wer ein Auto besaß, nutzte es vorwiegend dienstlich: Ärzte, Lieferanten, Geschäftsleute, unsere Hebamme, ja, und vielleicht die Herrschaften von den Gütern, wenn sie in die Stadt kamen; aber sonst war das übliche Gefährt noch der Pferde- und Kutschwagen, für den es neben den gepflasterten Straßen die Sommerwege, also Sand- und bei Regen Matschwege gab.

Wir Kinder hatten es während der Fahrt nicht leicht. Wenn es nach Oma ging, durften wir nur geradeaus schauen, und wenn uns die Langeweile packte und wir uns über Großmutters Schoß oder hinter ihrem Rücken mal anstießen, dann war gleich die Hölle los! Der Wagen hätte ja sein Gleichgewicht verlieren können und wir wären im Straßengraben gelandet oder an einen Baum gefahren!

So war Großmutter auch um Vaters Fahrweise sehr bemüht. Ständig beobachtete sie von hinten den Tacho, den ihr unser Vater bei der ersten Fahrt erklärt hatte – leider. Wenn die Tachonadel stieg, rief sie: „Erich, du kommst auf 80!"

Die Hälfte unserer Reise hatten wir hinter uns und wollten in Kürze eine Pause einlegen, als der Wagen stotterte und plötzlich stehen blieb. Selbst für Vater war das eine kleine Katastrophe. Alle aussteigen, hieß es, und das auf einem einsamen Feldweg, wegen der Abkürzung, denn wir hatten gerade das letzte Dorf verlassen. Wir Kinder waren sehr glücklich; jetzt konnten wir uns etwas austoben. Entlang des Weges lief ein Wassergraben. Besonders an einer kleinen Brücke konnten wir uns gut beschäftigen, Holzstückchen schwimmen lassen, Frösche und Fischlein beobachten, uns von oben bis unten nass spritzten. Vater hatten wir, obwohl wir in der Nähe waren, fast aus den Augen verloren, zumal er mit seinem Freund am Motor hantierte, den Kopf unter der hochgestellten Kühlerhaube. Und Großmutter, wo war die wohl?

Aber all das berührte uns nicht. Etwa eine gute halbe Stunde hatte die Reparatur gedauert. An die Ursache der Panne erinnere ich mich nicht mehr. Vielleicht war es nur eine verrußte Zündkerze, aber bei einem neuen Wagen?

Dann rief Vater: „Alle wieder einsteigen, das Auto läuft!" Vom „Wagen" sprach man damals noch nicht, das waren die Pferdewagen. – Nun freuten wir Kinder uns auch wieder auf die Weiterfahrt. Aber wo war Oma?

Ringsumher war ein weites, übersichtliches Ackerfeld, begrenzt durch Weiden, aber keine Oma in Sichtweite. Wir wurden nervös und warteten. Von weit hinten aus dem Dorf kam ein Trecker auf uns zugefahren. Das Gefährt näherte sich, und wen sahen wir aufsitzen? – Den Treckerfahrer und neben ihm auf dem Bock unsere Großmutter!

Wir alle waren sprachlos. Ohne Kommentar stiegen sie vor uns ab, Oma mit Hilfe des Fahrers.

„Ick hew de Schmied ut dem Dörp jeholt; dei kann ji sicher helpe, vesteiht von solchen Sachen wat." (Ich habe den Schmied aus dem Dorf geholt, der kann ja sicher helfen, versteht von solchen Sachen was.)

Ich kann mich nicht mehr an alles erinnern; jedenfalls haben wir herzhaft gelacht, und der willige Helfer, der nicht mehr zuzugreifen brauchte, bekam sicher einen kleinen Taler und ein Dankeschön. Wie unsere Oma auf den Trecker gestiegen war, und ob sie beim Fahren keine Angstzustände bekommen hatte, ist mir heute noch ein Rätsel, denn auch auf ihrem früheren elterlichen Hof, den sie mit uns Kindern oft besuchte, gab es bis dahin nur Pferdegespanne.

Schließlich kamen wir in Kolberg an. Zwei Familien unserer Verwandtschaft, die in der Stadt wohnten, hatten uns bereits erwartet. Tante Lieschen und Onkel Wilhelm, die wir besuchen wollten, hatten sechs Kinder, und alle waren bei unserer Ankunft zu Hause. Heinz war mit 23 Jahren der Älteste, außerdem Siegfried, Inge, Joachim, Adelheid und die Jüngste, Elisabeth, die den Namen ihrer Mutter bekommen hatte, war wie ich zehn Jahre alt. Wenn sie dem Alter nach nebeneinanderstanden, konnte man von Orgelpfeifen sprechen, denn sie waren alle zwei bis drei Jahre auseinander. Die Familie kam zur Begrüßung auf die Straße, um das neue Auto zu bewundern. Siegfried war am meisten interessiert; er war gelernter Autoschlosser, was Vater gerade recht war, denn nun konnte er den Wagen noch einmal wegen der Panne untersuchen. So gab Vater ihm gleich den Schlüssel, natürlich auch für eine Probefahrt.

Die zweite Familie, es war ein Bruder meines Vaters, Onkel Karl, bestand darauf, dass die neue Errungenschaft vor ihrem Haus am Preußenplatz parken sollte, direkt vor der Tür, versteht sich. Nach dem Essen sollte Vater mit ihnen eine kleine Stadtrundfahrt machen und zu Tante Lieschen zum Nachmittagskaffee fahren. Alles war organisiert. Wir aßen Mittag, während Siegfried am Auto noch zu tun hatte. Aber es dauerte eine Stunde, dann zwei, sodass seine Eltern und selbst Vater schon in Sorge waren, von Oma ganz abgesehen.

Nach fast drei Stunden stand Siegfried fröhlich in der Wohnungstür, in der Hand den Autoschlüssel schwenkend.

„Onkel Erich, dein Auto ist nicht nur in Ordnung, sondern es fährt einwandfrei sauber! Ich hatte meinen Freund mit. Wir haben es gründlich ausgefahren, aber 120 km/h, wie auf dem Tacho steht, schafft es nicht. Die höchste Geschwindigkeit, die ich herausholen konnte, waren 106 km/h."

Wie viele Kilometer mochten sie gefahren sein, nicht nur in der näheren Umgebung?

Während Tante Lieschen und Onkel Wilhelm auf ihren Sohn vielleicht sogar etwas stolz waren, war selbst Vater nicht recht wohl zumute, aber Großmutter erst!

Ihr Gesicht war kalkweiß geworden, ihr hatte es die Sprache verschlagen, bis sie schließlich vorwurfsvoll hervorstieß: „Ihr hättet euch überschlagen können!"

Die allgemeine Stimmung sank auf Null, zumal die Familie von Onkel Karl bereits stundenlang wartete, abgeholt zu werden. Ein Telefon besaß niemand. Bevor Vater abends mit seinem Freund nach Hause fuhr, ist er bei

Der Kolberger Strand mit dem Seesteg. Im Hintergrund sind das Lotsenhaus und die Mole zu sehen.

seinem Bruder eingekehrt, um wieder Frieden zu schaffen, aber die Begegnung soll nicht angenehm gewesen sein. Natürlich hing auch bei uns der Haussegen etwas schief, wozu nicht zuletzt Großmutter gesorgt hatte. Darüber hinaus musste sie zwei Tage warten, bis endlich eine Postkarte ankam mit der erlösenden Nachricht: *„Wir sind wieder gut zu Hause angekommen."*

Wir Kinder aber erlebten drei herrliche Ferienwochen am einmalig schönen Ostseestrand von Kolberg.

Omas Fensterplatz

Großmutter hatte ihre Wohnung im Parterre: Wohnzimmer, Kabinett und Küche, Speisekammer, die Toilette mit Wasserspülung auf halber Treppe. Omas Lieblingsplatz war der alte braungelbe Korbstuhl am Fenster, der tüchtig knarrte, wenn sie sich hineinsetzte. Von ihm aus hatte sie alles im Blick, was sich vor ihrem Haus „An der Marienkirche 2“ zutrug. Die Straße und den als Park angelegten Platz vor der Kirche nannte man den Kirchplatz. Je nachdem, was und wen sie sehen wollte, machte sie von den Gardinen Gebrauch. Wollte Oma unbeobachtet bleiben, schaute sie durch die Gardinen, sonst wurden diese zurückgezogen.

Für den Haushalt war Großmutter kaum noch zuständig. Sie sorgte aber für uns Kinder, wenn wir aus der Schule kamen, auch das Kartoffelschälen für die Großfamilie war jeden Tag ihre Aufgabe. Wir Kinder schauten gern zu, besonders als wir noch klein waren, und freuten uns, wenn Oma eine besonders lange Schale von einer Kartoffel schälte. Aber es passierte auch, dass die Schale vorher abriss. So haben wir dann mit Oma auf Sieg gesetzt. Wenn die Schale bis zum Schluss erhalten blieb, hatte Oma gesiegt, wenn sie aber vorher abriss, hatte sie verloren. Bei dieser Arbeit beobachteten wir Großmutters mit welker und faltiger Haut überzogenen Hände, und es machte uns Spaß, wenn wir die Haut auf dem Handrücken zusammenzogen, sie dann hochstellten und mit Omas Haut eine „Mauer“ gebaut hatten.

Vieles konnte Großmutter von ihrem Fensterplatz aus beobachten, so vor Weihnachten, wenn vor der Tür die unzähligen großen und kleinen Tannenbäume verkauft wurden und das oft bei grimmiger Kälte. Die Verkäufer schlugen dann hüpfend ihre Arme um den Leib, um sie wieder warm zu bekommen. Wenn Kunden kamen, war es natürlich interessant, sie beim Handeln zu beobachten, bis dann die kleinen Münzen ihren Besitzer wechselten – und die Bäume auch.

Lustig ging es zweimal im Jahr beim Jahrmarkt zu. Die Marktbuden standen bis zu unserem Haus. Die Angebote vom „billigen Jakob" drangen bis in unsere Stube, ob es Bananen waren, Aale, Blumentöpfe oder andere Sachen.

Besonders interessant war aber der Blick über den Kirchplatz, den Großmutter gut im Auge hatte. In der Parkanlage standen unter alten stattlichen Buchen einige Ruhebänke. Für uns Kinder war es der beste Tummelplatz, und Oma hatte auch ihre Freude an unserem Tun, bis dann plötzlich der Parkwächter auftauchte, der von der Stadt für alle Parkanlagen angestellt war. Das Spielen im Park war nämlich verboten. So bekamen wir vor ihm Angst, zumal er von einem kräftigen, zähnefletschenden Hund begleitet wurde.

Vom Kirchplatz aus konnte man eine breite Freitreppe zur diagonal vorbeiführenden Königstraße benutzen. Auch sie wurde von einem kleinen Platz unterbrochen, auf dem das Kriegerdenkmal stand, eine Erinnerung an den Deutsch-Französischen Krieg 1870/71 und an den Ersten Weltkrieg. Kritische Bürger hielten das Monument für ziemlich kitschig. Auf einem hohen Sockel, zu dem ringsherum Treppchen führten, stand eine überle-

Meine Großmutter Louise Beckmann, geb. Lange, saß in späteren Jahren gern im Korbstuhl am Fenster und beobachtete das Treiben auf dem Kirchplatz.

bensgroße, nackte, muskulöse Männerfigur aus Sandstein mit einem Stahlhelm auf dem Kopf und erhobenem Schwert in der rechten Hand. Für Hitler gehörte das Werk offensichtlich nicht zur entarteten Kunst, denn es war immerhin ein Heldendenkmal. Einmal im Jahr stand es im Mittelpunkt, und zwar am sogenannten Heldengedenktag, dem zweiten Sonntag im März. Dann marschierte eine Ehrenkompanie von den Garnisionskasernen auf, vorweg zwei Kranzträger und eine kleine Musikkapelle. Der Regimentskommandeur, ein Oberst, fuhr in einer Limousine vor. Zu der Soldatengruppe gehörten zwei in Paradeuniform gekleidete Soldaten mit Stahlhelm und Gewehr über der Schulter, die sich auf Kommando links und rechts neben das Denkmal postierten, strammstanden, schweigend und unbeweglich. Alle zwei Stunden wurden sie im Laufe des Tages mit der gleichen Zeremonie abgelöst.

Aber zunächst gab es mit der Ehrenkompanie eine Feierstunde, bei der der Oberst eine Rede zur Erinnerung an die gefallenen Kameraden hielt. Der kleine Platz vor dem Denkmal eignete sich vorzüglich für diesen feierlichen Akt.

Für Großmutter an ihrem Fensterplatz war der Aufmarsch mit der Ansprache und der späteren Wachablösung ein besonderes Erlebnis. Alles konnte sie gut mithören und verstehen, und sie nahm so an dem eindrucksvollen Geschehen Jahr für Jahr teil. Dabei erinnerte sie sich ihrer beiden Söhne Paul und Otto, die im Ersten Weltkrieg vom Fronteinsatz nicht zurückgekommen waren, und später auch ihres Großsohnes Gerhard, der gleich zu Beginn des Zweiten Weltkrieges gefallen war. Dann standen ihr immer die Tränen in den Augen, und man durfte sie bei dieser Gedenkstunde nicht stören.

Wenn die Zeremonie vorbei war, machten wir Kinder uns gern einen Spaß und stellten uns vor die Ehrenwa-

Auch das Stargarder Kriegerdenkmal mit dem nackten Soldaten mit Stahlhelm, Schild und Schwert hatte Oma von ihrem Fensterplatz gut im Blick.

che, schnitten Grimassen, machten lange Nasen oder versuchten auf andere Weise, diese „Wachsfiguren" zu verärgern und in Bewegung zu bringen, aber es gelang uns leider nie.

Großmutter nahm an ihrem Fensterplatz auch besondere Verpflichtungen wahr, zum Beispiel, als Vaters neues Auto vor der Tür stand. Während es in den ersten Tagen keine Beachtung fand, änderte sich Omas Verhalten nach ihrer ersten Fahrt zum Friedhof. Jetzt wurde es mehr und mehr auch ihr Auto, und da wir noch keine Garage hatten, stand es Tag und Nacht vor der Tür. Wehe, wenn ein interessierter Junge in den Wagen geschaut, womöglich ihn noch angefasst hätte!

Dann ging bei der alten Dame sofort das Fenster auf und ein Donnerwetter ließ den Neugierigen schnell verschwinden.

Mutter war in Großmutters Wohnstube beim Reinemachen, als Oma eines Tages plötzlich vom Korbstuhl aufsprang, mit der rechten Hand den linken Pantoffel auszog und, mit ihm wedelnd, aus dem Zimmer rannte und dann aus der Haustür auf die Straße. Mutter war verwundert, sah aber vor dem Fenster nichts Auffallendes. Als Großmutter zurückkam, erzählte sie empört: „Doa hat doch een Köter vor dem Autorad sin Been jehaube! Wenn dat Rostflecke gift!“ (Da hat doch ein Hund vor dem Autorad sein Bein gehoben! Wenn das Rostflecke gibt!)

Aber der Pantoffel wurde auch ausgezogen, wenn wir sie ärgerten. Besonders mein Freund Ulli hatte seine Freude daran, wenn er vor dem Fenster die Oma Beckmann herausfordern konnte wie Max und Moritz den Schneider Böck. Großmutter fackelte nicht lange. Wer die Strafe verdient hatte, bekam sie auch – wenn sie auch meist vergeblich aus dem Haus rannte und die sie ärgernden Buben schneller waren.

Ein Fahrrad für'n Groschen

Ganz in unserer Nähe am Markt befand sich das Fahrradgeschäft Erdmann. Die Tochter Sabine Erdmann war 1938 die vierzigtausendste Einwohnerin der Stadt Stargard geworden. Als kleines Kind kam ich nie am Schaufenster vorbei, ohne hineinzuschauen. Herr Erdmann hatte gut sortierte Angebote ausgestellt: Dreiräder, Kinderräder und natürlich viele Damen- und Herrenräder verschiedenster Qualität.

Ich besaß ein altes Dreirad, vielleicht schon aus dritter Hand. Der Rahmen war nach einem Bruch geschweißt; an einigen Teilen hatte der Rost angesetzt. Ich liebte es trotzdem, aber ein richtiges Fahrrad, ein Zweirad, ja, das hätte ich gern gehabt, und bei Erdmann stand ein kleines echtes Kinderrad im Fenster, wie für mich konstruiert. Natürlich hätte ich es nie gewagt, darum zu bitten, auch nicht als Weihnachtswunsch.

Ich war wohl gerade vier Jahre alt. In dem Alter hatte man früher noch ein sehr naives Verhältnis zum Geld. Fast täglich stand ich vor dem Fahrradladen und bewunderte das bunte Kinderfahrrad, das auf mich zu warten schien. Eines Tages fasste ich einen mutigen, wenn auch frechen Entschluss. Ich wusste, dass meine Mutter ihr Portemonnaie im Schubfach der alten Singer-Nähmaschine aufbewahrte, ein überholtes Modell mit gusseisernem Gestell wie mein Dreirad. Irgendwie musste ich heimlich ans Geld kommen, aber es war nicht einfach.

Die Nähmaschine befand sich nahe am Fenster. Auf der Fensterbank stand der Vogelkäfig mit unserem Hansi, einem gut singenden, hellgelben Kanarienvogel. Kam man in seine Nähe, freute er sich, natürlich in der Hoffnung, ausfliegen zu dürfen. Dann drehte er gern seine Runden im Zimmer. Sonst aber schimpfte er mit seinem lauten „Piep, piep". Aber das war nicht das Schlimmste. Am anderen Fenster hatte Großmutter ihren Platz im Korbstuhl. Wenn sie nicht in der Zeitung las oder fürs Mittagessen Kartoffeln schälte, saß sie dort mit gefalteten Händen und alles, was sich vor dem Haus bewegte, hatte sie im Auge. So aber auch uns!

Omas Stube war grundsätzlich unser Aufenthaltsraum, da Vater und Mutter im Geschäft zu tun hatten. Bei Oma machten wir später unsere Schularbeiten, spielten miteinander oder auch mit unseren Freunden – oder Oma beschäftigte uns. Wenn wir uns allein unterhielten, schaute Großmutter von Zeit zu Zeit zu uns herüber, senkte ihren Kopf, schaute über ihre ovalen, meist verschmierten Brillengläser hinweg, und hatte uns so im Blick.

Oft schob sie ihre Brille auf die Stirn, weil sie sie für die Ferne nicht brauchte, und nach einiger Zeit kam es schon vor, dass sie sie suchte. Dann wurde sie ärgerlich, bis wir ihr Guckgestell vor ihrer faltenreichen Stirn entdeckten, und wenn es ihr zu lange gedauert hatte, kriegten wir noch die Schuld.

Wenn Oma unser Treiben nicht durchschauen konnte, fragte sie energisch: „Na, wat mögst du do allwedder?" (Na, was machst du da wieder?)

Ich musste also sehr geschickt und vorsichtig ans Werk gehen, um an Mutters Geldbeutel zu kommen. Und es klappte!

Ich entnahm der Geldbörse einen Groschen – heute ein Zehn-Cent-Stück, dem DM-Wert nach fünf Cent – und verschwand damit aus dem Zimmer. Vorher hatte ich etwas mit Hansi gescherzt, damit Oma meine List nicht erkannte.

Nun war es soweit. Ich hatte Geld, um mir von Herrn Erdmann das begehrte und schon lange gewünschte schöne Kinderfahrrad zu kaufen. Eine Hürde musste noch genommen werden, denn zum Fahrradgeschäft musste ich an Omas Fenster vorbei. Gebückt schlich ich mich dicht an der Hauswand unter dem Fenster entlang. Dann stand ich wieder vor dem Fahrradgeschäft. Ich würde Herrn Erdmann stolz meinen Groschen geben und ihn als nun echter Kunde bitten, mir das Kinderrad zu verkaufen. Aber als ich durch das Schaufenster in den Laden schaute, sah ich dort ein Ehepaar mit einem kleinen Jungen stehen. Ob sie auch ein Fahrrad kaufen wollten?

Nun dachte ich mir, dass es wohl üblich sei, dass die Eltern beim Kauf dabei sein müssten. Mein gewachsener Mut sank. Ich traute mich nicht in den Laden. Enttäuscht und traurig ging ich wieder nach Hause. Ich schlich mich unter Großmutters Fenster vorbei und trat, als ob nichts gewesen wäre, in die Stube.

Keiner hatte etwas von meinem Vorhaben gemerkt, aber noch einmal musste ich mich an die Nähmaschine heranmachen, denn der Groschen sollte wieder an seinen Platz zurück. Ich hätte mir dafür zwei Tüten Eis kaufen können, aber dafür wollte ich nun doch nicht klauen. Das gab es bei uns nicht. Der Traum vom eigenen Fahrrad war zunächst unerfüllt ausgeträumt.

Es war wohl ein Jahr später, als Vater mir ein altes Kinderfahrrad mit einem Rahmen für Mädchen kaufte, für mich noch etwas groß, so dass ich in der ersten Zeit besser im Stehen fuhr. Fünf Mark hat es gekostet; dafür war es auch angerostet und musste an einigen Stellen etwas aufgearbeitet werden. Aber es tat seinen Dienst noch in den ersten Schuljahren.

Der Bruchpilot

Bis weit in die Schulzeit hinein habe ich mein erstes Kinderfahrrad gefahren, bis dann der große Tag kam und ich ein nagelneues Jugendrad für 56 Reichsmark bekam mit allem, was damals schon an Extras dazugehörte. 56 Mark waren für ein Fahrrad ein stattlicher Preis, aber es war eine sehr gute Qualität, sodass sich auch meine Klassenkameraden riesig freuten, wenn sie damit eine Runde drehen durften. Natürlich war ich stolz, auch meinen Freunden gegenüber, und wenn ich durch die Stadt fuhr, schaute ich ständig nach links und rechts, um zu beobachten, ob man meinem neuen Rad auch die gebührende Aufmerksamkeit widmete.

Ich war 14 Jahre alt. In der Nazizeit war der Dienst bei der Hitler-Jugend selbstverständliche Pflicht. In der Schule wurde ich dafür erfasst und gehörte vom zehnten Lebensjahr an zum Jungvolk. Nach der Konfirmation – es gab auch noch die Jugendweihe wie in der Weimarer Zeit – kam man automatisch zur Hitler-Jugend. In unserer Stadt gab es davon vier Organisationen: Da war die Marine-HJ, zumal wir einen großen See in der Nähe der Stadt hatten, auf dem viel Segelsport betrieben wurde. Dann die Motor-HJ, die schon sehr früh die Jugend zum Motorradfahren ausbildete. Die Streifendienst-HJ möchte ich fast als eine Vorstufe der Waffen-SS bezeichnen. Es war die „Polizei“ der Hitler-Jugend.

Und schließlich gab es noch die Flieger-HJ. Dieser Gruppe schloss ich mich an, zumal mein Vater für diese

Einheit regelmäßig Sperrholz zum Flugzeugbau lieferte. Da mir die Tischlerei im Blut lag, hatte ich auch Freude am Modell- und Segelflugzeugbau. Am Stadtrand hatten wir einen gut gelegenen Segelflugplatz mit einem lang ausladenden Hang zum Segelflug. Mit dem Fahrrad war der Flugplatz etwa eine Viertelstunde von zu Hause entfernt.

Jeden Mittwochabend, Sonnabendnachmittag und Sonntagvormittag hatten wir unseren Dienst auf dem Segelflugplatz. Die Schulungsmaschine war der Schulgleiter Baujahr 1938, abgekürzt SG 38, ein offener Hangsegler, bei dem man nur frei auf einem einfachen Holzschalensitz vor dem Rumpf saß, angeschnallt natürlich und mit Sturzhelm – oder mit „Boot", bei dem der Sitz mit einer Sperrholzverkleidung umbaut war.

Die Hochleistungsmaschinen waren damals das sogenannte Baby als Einsitzer oder der „Kranich" als Zweisitzer. Es gab keine größere Freude in der Woche, als mich auf mein neues Fahrrad zu schwingen, um zum Segelflugplatz zu fahren. Und wenn der Dienst zu Ende war, fuhren wir mit unseren Rädern den Rasenhang hinunter und nach Hause. Aber wer gibt in diesem Alter nicht gerne an?

Mein neues Fahrrad fiel schon bei den vielen Rädern auf, die während des Fliegens in der Flughalle standen, denn ein neues Rad hatte nicht jeder.

Der Dienst war wieder einmal zu Ende, und so sollte jeder, der wollte, Freude an meinem neuen Fahrrad haben. Seine Leistung sollte unter Beweis gestellt werden. Ich lud meine Kameraden zur Mitfahrt ein, den

Die Segelfliegermannschaft bringt „meinen Flieger“ an den Start. Ich gehe ganz rechts. Der Schulgleiter wird auf einem „Kullerchen“ transportiert, einen kleinen Karren mit zwei Gummirädern.

verlockenden Rasenhang hinunter. Ein Kamerad kam auf die Stange vor mir, ein zweiter, der den Jüngsten auf den Rücken huckepack nahm, setzte sich auf den Gepäckträger, und dann stieg ich auf, und schon hatten wir – zu viert auf dem Rad – Fahrt drauf. Aber nur eine kurze Strecke, da gab es einen gehörigen Krach. Bruch, das ganze Fahrrad war ein Schrotthaufen, und wir lagen daneben! Aber nur Sekunden.

Plötzlich stand ich neben meinem Wrack wie Quax, der Bruchpilot, aber nicht mit dem zerbrochenen Propeller unterm Arm, sondern die verbogene Lenkstange in der Hand – alleine auf freiem Feld!

Meine Kameraden waren – wohin auch immer – wie durch einen eingeschlagenen Blitz alle drei verschwunden. Als ich mich vergeblich nach ihnen umschaute, fuhr man mein Segelflugzeug in den Schuppen – Feierabend!

Mühsam versuchte ich, mein Fahrradwrack auf die Schulter zu nehmen, um nach Hause zu laufen. Eine knappe dreiviertel Stunde Fußweg, heute mit der Last auf der Schulter vielleicht noch länger. Die lange Freienwalder Chaussee entlanggetippelt, bis ich schließlich das Walltor zur Altstadt erreichte.

Dann den Weidensteig entlang; daneben floss die romantische Ihna, auf der ich gern mit meinem selbstgebauten Paddelboot fuhr. Immer wieder eine Verschnaufpause und dann die bange Frage: Wie wird man dich empfangen?

Bis ich den Turm der Marienkirche im Auge hatte. Der Weg wurde mir immer schwerer, nicht nur wegen der Last, sondern, na ja ...

Ein Stück die Königstraße, über den Kirchplatz, den man von unserem Haus aus gut einsehen konnte. Und dann stand ich vor der Tür. Großmutter war vor einem Jahr verstorben, so blieb mir dieses Donnerwetter erspart. Wer mich armes Häuflein als Erster begrüßte, weiß ich heute nicht mehr, auch nicht, was ich zu erwarten hatte. Wie gut!

50 Jahre später habe ich diese Geschichte in einer Heimatzeitung veröffentlicht. Und wieder ein halbes

Ich sitze startbereit auf dem Pilotensitz des Schulgleiters '38.

Jahr später kam ich mit einem Freund von einer Reise in meine alte Heimat zurück. Es war ein Sonntagnachmittag. Meine Frau empfing uns auf unserer sonnigen Terrasse:

„Wie schön, dass ihr wieder gesund angekommen seid. Stell dir vor, soeben bekam ich einen merkwürdigen, aber sehr freundlichen Anruf. Ein Herr Becker aus Griesheim bei Darmstadt. Er sagte, er sei dein Kamerad und hätte als Junge auf deinem Fahrrad gesessen. Du solltest doch bitte zurückrufen."

Ich hatte von dem Anrufer keine Vorstellung, und einen Herrn Becker kannte ich nicht. So ging ich sofort gespannt ans Telefon:

„Ja, lieber Horst, hier spricht dein Segelfliegerfreund Gerhard Becker. Was meinst du, gestern bekam ich von einem Bekannten einen Stapel alter Pommernzeitungen. Als ich flüchtig die Stargardseiten durchsah, fand ich deine Geschichte von deinem Fahrrad. Jetzt muss ich dir beichten. Ich war der jüngste von den Vieren, der bei dem hinteren Kameraden auf dem Rükken gesessen hat. Als das Rad zusammenbrach, hatten wir alle Schiss und haben uns schnell verdrückt. Aber jetzt hast du mich!"

„Dann weiß ich endlich, wem ich eine Rechnung schicken kann", scherzte ich.

„Ja, was meinst du, wie oft ich im Freundeskreis diese Geschichte schon erzählt habe?"

Wir wurden gute Freunde und nahmen bald die Gelegenheit zu einem ersten Treffen nach über 50 Jahren wahr, und dann ließen wir das Geschehen noch einmal fröhlich Revue passieren.

Partie an der Ihna in Stargard. Rechts ist der Weidensteig, der sich an der ganzen Ihna entlangzieht, und auf dem ich mein „Schrottrad" nach Hause tragen musste. Im Hintergrund ist die Marienkirche mit der höchsten Aussichtsplattform der Stadt zu sehen. Von dort oben hatte mein Vater ab 1941 als Turmbeobachter den Anflug feindlicher Flugzeuge im Raum Stettin-Stargard an die Polizeistation im Rathaus zu melden. Viele Nächte habe ich bei Fliegeralarm mit ihm auf dem Turm zugebracht, um seinen erkrankten Turmbeo<bachter-Kollegen zu vertreten.

Und es gab den Klapperstorch

Ein Datum in meinem Leben wurde zu meinem damaligen größten Freudentag, das andere Mal zu meinem schwersten Schicksalstag und neuen Lebensanfang. Letzteres möchte ich nur streifen.

Es war 1937, kurz nach Ostern. Ich war von der Volksschule umgeschult und in der neuen Klasse mit vielen mir noch nicht bekannten Kameraden zusammen. Das nahm unser neuer Klassenlehrer zum Anlass, mit uns einen Ausflug zu machen. Er wollte uns kennenlernen, aber auch wir sollten untereinander die ersten Freundschaften schließen. Meine immer sehr um uns besorgte Mutter hatte mir wie sonst zu den Ausflügen nach dem Frühstück ein gutes Reisebrot eingepackt und fragte dann nach unserem Ziel.

„Ja, Mutti, den Namen von dem Ort habe ich vergessen, aber er heißt so wie das, was du immer in die kalte Obstsuppe machst."

„In die Obstsuppe, was meinst du da?"

„Na, diese blanken kleinen Kügelchen, die so gut schmecken."

„Etwa Sago?"

„Ja, Sago, so heißt das Dorf."

„Junge, ein solches Dorf gibt es nicht, aber du denkst sicher an Saarow."

„Richtig, nach Saarow wollen wir wandern."

Und so zog ich fröhlich los.

Es war etwa halb zwei Uhr, als ich mit vielen neuen

Eindrücken nach Hause kam. An der Haustür stand wartend die Großmutter, wie immer die Arbeitsschürze umgebunden, an den Füßen ihre geliebten Pantoffeln, die sie mitunter für unsere Erziehung benutzte. Sie schaute mich über ihre etwas schief hängende Drahtbrille hinweg an.

„Na, Junge, du kommst eine halbe Stunde zu spät; der Klapperstorch ist gerade wieder durch den Schornstein nach Afrika zurückgeflogen." – Und das, obwohl die Störche bereits ihre Sommerquartiere in unserer Region bezogen hatten. –

„Er hat dir ein kleines Schwesterchen gebracht, und deine Mutti hat er ins Bein gebissen; sie liegt oben im Bett."

Ich hatte alles noch nicht begriffen, aber ich rannte sofort an meiner Oma vorbei, die Treppe hinauf, zwei Stufen auf einmal, bis ich in der Schlafzimmertür stand und nur schaute. In der Nähe des Bettes meiner Mutter stand die Hebamme, eine Verwandte.

„Na, Horst, was sagst du nun?", fragte sie sofort, ohne besonders auf meine Begrüßung zu warten.

Immer noch sprachlos stand ich nun an Mutters Bett, neben dem in einem Wäschekorb ein kleines Baby lag. Dann ergriff aber Mutti das Wort und stellte mir mein Schwesterchen vor.

Meine ältere Schwester war ebenfalls bereits aus der Schule gekommen, hatte sich dann aber nach der Überraschung wieder auf den Weg zu ihrer Freundin gemacht, der Tochter unseres Nachbarn, um die große Sensation weiterzugeben. Nachdem ich mein neues Schwesterchen ausgiebig betrachtet hatte, schlug Mutti von der Seite ihr

Deckbett zurück und zeigte mir einen kleinen blauen Fleck am rechten Oberschenkel.

„Da hat mich der Storch ins Bein gebissen und ist dann gleich wieder weggeflogen.“

Ich habe das alles sehr ernsthaft aufgenommen, obwohl ich immerhin zehn Jahre alt war, und auch kein Klassenkamerad von denen, die regelmäßig in den letzten Monaten bei uns ein und aus gegangen waren, hat mich darauf gebracht, dass ich wohl bald ein Geschwisterchen bekommen würde. Die Schwester war jetzt einfach da!

„Hast du denn schon einen Namen für dein Schwesterchen?“, fragte die Hebamme.

Ohne lange nachzudenken, flog mir der Name heraus: „Rosemarie!“

Und tatsächlich, die Eltern waren einverstanden, zumal sie sich selber noch keine Gedanken über den Namen gemacht hatten, wie sie mir später sagten. Natürlich wurde das große freudige Ereignis auch für mich am nächsten Tag das Klassengespräch. Bemerken sollte ich, dass wir Kinder uns schon immer ein Geschwisterchen gewünscht hatten.

Wenn wir mit den Eltern in den Garten gingen, der etwa 20 Minuten von uns entfernt war, kamen wir an einem Haus vorbei, auf dem ein Storchennest war. Wenn das Nest im Sommer besetzt war, stimmte meine Schwester an:

„Klapperstorch, du Bester, bring mir eine Schwester.“

Während ich dagegen sang: „Klapperstorch, du Guter, bring mir einen Bruder.“

Mutter war darüber immer tüchtig verärgert, als

wollte sie sich mit uns beiden Kindern begnügen, aber neun Jahre nach der Geburt meiner jüngeren Schwester war es dann soweit.

Rosemarie war nun meine kleine Schwester, die ich später auch mit dem Kinderwagen vor der Tür ausgefahren und um die ich mich, soweit ich konnte, sehr gemüht habe.

Als ich später Soldat war, habe ich aus kräftiger Kehle gern die Soldatenschnulze gesungen:

> *„Rosemarie, Rosemarie,*
> *sieben Jahre mein Herz nach dir schrie."*

Immer dachte ich dann an zu Hause, wo meine kleine Schwester wuchs und gedieh. Bis genau auf den Tag, acht Jahre nach ihrer Geburt, der 22. April 1945 zum schwersten Schicksalstag meines Lebens wurde.

Als Frontsoldat wurde ich im Kessel von Spremberg verwundet, kam wenige Stunden später in russische Gefangenschaft und wurde von drei Soldaten, die mich gefangennahmen, an die Wand eines Bauernhauses gestellt, um erschossen zu werden. Ungelogen in letzter Sekunde, einer der drei Soldaten hatte seine Maschinenpistole bereits im Anschlag, in deren Lauf ich mit Todesängsten hineinschaute, während mich die anderen beiden an die Wand drückten, sprang, woher auch immer, ein russischer Offizier hinzu, schlug dem Exekutor die Maschinenpistole runter und schrie die drei Soldaten an, was ich natürlich nicht verstand. So verhalf mir der russische Offizier zu einem neuen Leben, für das ich Gott damit dankte, dass ich, was mein Vater für mich nie vorgesehen hatte, evangelischer Pfarrer wurde.

Dann fiel mir der Geburtstag meiner Schwester ein: Sie war am 22. April 1937 geboren, ich wurde genau acht Jahre später wiedergeboren. Dem russischen Offizier bin ich leider nie mehr begegnet.

Wir Geschwister Christel und Horst warteten lange auf den Klapperstorch. Ich wünschte mir einen Bruder, Christel ein Schwesterchen.

Moses hat Würmer

Es war schon zu Beginn des Zweiten Weltkrieges, als Großmutter wieder einmal als nun bald moderne Frau aktiv wurde. Vater kam mittags aus dem Betrieb nach Hause und hatte den Fuß kaum über die Schwelle gesetzt. Gleich wurde er von seiner Mutter mit der Meldung empfangen, dass sie einen Telefonanruf angenommen habe, was auch jetzt noch selten vorkam. Selbstverständlich in ihrem pommerschen Platt erzählte sie: „Der Superintendent war am Telefon. Er will mit dir in die Kirche gehen. Du sollst ihn wieder antelefonieren."

„Mit mir in die Kirche gehen? Und er hat selber angerufen?"

Vater verstand das nicht, denn es war während meiner Kindheit nicht üblich, dass der Herr Superintendent persönlich telefonisch mit seinen Gemeindegliedern sprach. Dafür war er in der Stadt allen Ständen gegenüber eine zu hohe Respektsperson. Vater sang wohl im Kirchenchor, aber auch das war für ihn kein Grund, dass der Superintendent mit ihm telefonierte.

„Mutter, hast du dich nicht verhört? War das wirklich ein Anruf von der Kirche?"

„Wenn ick di dat segge!" (Wenn ich's dir sage!) „Du sollst dich wieder melden, hat er gesagt."

Was blieb unserem Papa übrig, als der Sache nachzugehen?

So meldete er sich im Kirchenbüro, um Näheres zu erfahren. Die Sekretärin war am Telefon.

„Gut, Herr Beckmann, dass Sie zurückrufen. Ich gebe Ihnen unseren Küster, Herrn Gahnz, der hat vorhin mit Ihrer Mutter gesprochen."

Nach einem Augenblick meldete sich der Küster. Vermutlich hatte er bei Großmutter von der Superintendentur aus angerufen.

„Herr Beckmann, wir haben da eine Angelegenheit, eine kleine Arbeit für Sie. Ob wir beide uns wohl demnächst in der Kirche treffen können?"

So vereinbarte man einen gemeinsamen Termin. Vater und der Küster standen vor der Kanzel. Unter der Kanzel stand die mächtige holzgeschnitzte Figur des Moses, der nicht nur symbolisch die Kanzel auf den Schultern trug, sondern in seinen Armen rechts und links die beiden Gesetzestafeln mit den zehn Geboten hielt.

„Also, Herr Beckmann, sehen Sie sich den Moses an. Er hat den Holzwurm. Die kleinen Löcher werden von Zeit zu Zeit mehr. Da hat der Kirchenvorstand in seiner letzten Sitzung beschlossen, dass er weggenommen werden soll. Die Kanzel ist so befestigt, dass die Stütze durch die Figur entbehrlich ist. Man hat mich gebeten, mit Ihnen zu sprechen. Können Sie die Arbeit übernehmen?"

„Aber Herr Gahnz, das Holz lässt sich doch behandeln. Man könnte auf jeden Fall den Wurmfraß stoppen. Und der Moses steht jetzt 700 Jahre dort, ein wertvolles Kunstwerk wie in vielen Kirchen."

„Auch das wurde von einigen Vorstehern erwähnt, aber die Mehrheit hat sich entschieden, die Figur zu entfernen. Ich soll Sie mit der Arbeit beauftragen."

Für Vater nicht ganz verständlich, nahm er den Auftrag dennoch an, und in den nächsten Tagen haben seine Handwerker das stolze Standbild abmontiert und in die Werkstatt gebracht. Vater hat es aufs Lager bringen lassen, wo der Moses nun unbeachtet von jedermann in einer Ecke stand.

Als ich nach dem Krieg an einem Heimattreffen teilnahm, erzählte ich die Geschichte von Moses, der, weil er Würmer hatte, von meinem Vater aus der Kirche genommen werden musste. Da meldete sich die Tochter eines Stargarder Dachdeckermeisters. Er war ein Geschäftsfreund meines Vaters.

„Weißt du“, sagte sie, „die Geschichte kenne ich besser als du. Der Beschluss zur Entfernung des Moses aus der Kirche wurde nicht im Kirchenvorstand, sondern zuerst auf dem Dach des Hauses eines Kunden gefasst. Zwei unserer Dachdecker saßen dort bei der Frühstückspause zusammen. Der eine war ein fanatischer Nazi, der andere ein Kirchenmann. Es kam zu einem Streitgespräch über die Juden, bis der Kirchentreue dann sagte:

‘Wie weit soll man damit gehen? Die Juden waren die Vorfahren von den Christen und Jesus war auch Jude.’

‘Sag das nur nicht so laut, sonst bist du dran’, konterte der Kollege, ‘aber wir sind ja Freunde.’

‘Gerade deshalb auch mein Wort dazu: Moses war auch ein Jude, sogar der Vater der Juden, und wenn du in die Kirche gehen würdest, dann würdest du Moses unter der Kanzel sehen, der symbolisch die Kanzel trägt, als wollte er dafür sorgen, dass das Wort Gottes für alle sichtbar und hörbar verkündet wird. Er hält die beiden Tafeln mit den zehn Geboten im Arm, damit die

Die Kanzlei der Marienkirche zu Stargard in Pommern. Unter der

Gemeindeglieder jeden Sonntag an sie erinnert werden.'

'Hab' ich natürlich noch nicht gesehen, aber wenn das so ist, kann ich dir versichern, dass der Moses die längste Zeit dort gestanden hat.'

„Ja, weißt du", sagte dann meine Bekannte aus der Heimat, „so etwa ist das Gespräch gelaufen; der eine hat es mir erzählt. Mit dem konnte ich gut. Der andere Handwerker hatte wohl Parteifreunde im Kirchenvorstand, die er angeheizt hat, dass sie den Beschluss fassten, zu dem es dann gekommen ist."

Mein Vater war schon verstorben, als ich diese Episode hörte. Ich vermute aber, dass ihm die ganze Sache damals auch nicht einleuchten wollte, sodass er deshalb den Moses nicht zu Brennholz verarbeitet hat. Und der Moses wäre sicher wieder an seinen alten Platz gekommen, wenn er nicht kurz vor der Flucht meiner Eltern ein Opfer der Fliegerbomben auf Stargard geworden wäre – wie der ganze Betrieb meines Vaters.

Übrigens habe ich später in einer Klosterkirche in einem benachbarten Kloster meiner Heimatstadt den gleichen Moses unter der dortigen Kanzel gesehen, auch er als Stütze für die Kanzel und mit den Gesetzestafeln in den Armen. Vielleicht von demselben Künstler.

Der Tod der Großeltern

Der Winter 1928/29 war der kälteste im 20. Jahrhundert. Besonders in unserer Heimat in Hinterpommern fielen die Minusgrade bis auf 35 Grad. Sehr genau erinnere ich mich noch an diese Zeit, obwohl ich noch sehr klein war.

Mein Großvater väterlicherseits, der Mann von unserer Großmutter, erkrankte plötzlich. Ich sehe ihn vor mir: ein stattlicher schlanker alter Herr mit weißem Vollbart. Von seiner Figur her konnte ich mir vorstellen, dass er im Deutsch-französischen Krieg 1870/71 ein tüchtiger Soldat war, wie ich ihn im Vorwort erwähnt habe.

Mich mochte er wohl gern, denn ich konnte mir ihm gegenüber viel erlauben, wie ich mir später von den Eltern erzählen ließ. Ich erinnere mich gut an seinen Gang, der dem Alter entsprechend sehr langsam und schleppend war; nur kurze Schritte konnte er noch voreinander setzen. So versuchte ich ihn voranzuschieben, indem ich meine beiden kleinen Hände gegen seinen Po drückte und ihn vorwärtsschob, damit er etwas schneller ging. Alles geschah in der Wohnstube oder auf dem Flur.

Dann war Großvater plötzlich verstorben, 82 Jahre wurde er alt. Erinnern kann ich mich noch gut an die Aufbahrung. Der Sarg stand auf einer Bahre in der Mitte des Flures, dessen Backsteine auf dem Boden immer schön rot gefärbt wurden. Bis zur Trauerfeier blieb der

Sarg aufgebahrt im Hause. Sehr gern bin ich von Zeit zu Zeit um den Sarg herumgelaufen, ohne dass die Eltern oder auch Großmutter Anstoß daran genommen hätten. Es war nun mal mein Opa, der dort in der unteren Sarghälfte lag, warm zugedeckt, den Kopf auf einem weißen Kissen und – schlief.

Nachts legte man den Sargdeckel über ihn, aber am Tage war der Sarg aufgedeckt, damit sich Angehörige, Freunde und Nachbarn von ihm verabschieden und ein paar Blumen hinlegen konnten. An die Trauerfeier erinnere ich mich nicht; ich bin wohl während der Zeit auch zu Hause geblieben.

Von der Beisetzung erzählte Großmutter sehr oft, dass in dem kalten Winter die Särge, so auch Opas Sarg, viele Tage über der Erde stehen mussten, weil man für eine Gruft nicht in den tiefgefrorenen Boden kam, und anderes Werkzeug als Spaten, Schippe, Picke oder Spitzhacke nicht zur Verfügung gestanden haben.

Großmutter hat ihren Mann um elf Jahre überlebt. Nicht gerade zu ihrer Freude nahm sie die Entwicklung in der Nazizeit wahr, so auch im März 1938 den Einmarsch der Deutschen Wehrmacht in Österreich mit der begleitenden Parole „Ein Volk, ein Reich, ein Führer“, während andere jubelten und gern von Großdeutschland sprachen. In der „Kristallnacht“ zum 9. November 1938, brannte auch in unserer Stadt die jüdische Synagoge. Als ich morgens in die Schule kam, ich war elf Jahre alt, erzählten die Klassenkameraden, deren Schulweg an der Synagoge vorbeiführte, von dem großen Brand.

Vater kam mittags zum Essen und berichtete erschüttert, dass SA-Leute vor den Schaufenstern seines jüdischen Geschäftsfreundes, Inhaber des Schlesischen Leinenhauses, große Stoffballen auf dem Bürgersteig ausgerollt hätten.

„Das ist das Ende!", so habe ich seinen Kommentar wiederholt in Erinnerung, und er bekam später recht. Schrecklich war für Großmutter der Beginn des Zweiten Weltkrieges mit dem Einzug der deutschen Truppen in Polen am 1. September 1939. Noch schrecklicher die Nachricht, dass ihr erster Enkelsohn als Fahnenjunker bei einem Spähtruppunternehmen gefallen war. Zunächst war er auf eine Mine getreten und hatte beide Füße verloren, dann bekam er beim Abtransport mit zwei Sanitätssoldaten einen Volltreffer. Hatte Oma im Ersten Weltkrieg zwei Söhne verloren, begann nun das neue Leid mit der nachfolgenden Generation.

Und fast möchte man „Gott sei Dank!" sagen, als Großmutter im Dezember 1940 ihrem Mann in die Ewigkeit nachfolgte. Am 29. November war sie 84 Jahre alt geworden. – An ihrem Todestag wurden am Morgen unsere beiden Hammel geschlachtet, die man im Gartenhaus fett gefüttert hatte. Das Fleisch brauchte Mutter dringend für die Versorgung nicht nur unserer großen Familie, sondern insbesondere für die Arbeiter aus dem Betrieb, die bei uns verpflegt wurden. So war dann auch die Schlachtung offiziell gemeldet und genehmigt. Für Mutter war diese Zubereitung neu; aber sie holte sich guten Rat von ihrer Schwiegermutter, unserer lieben Oma, die ja aus der Landwirtschaft kam, von einem Hof im Nachbardorf, wie auch Großvater.

Sehr hilfsbereit und gründlich hat Großmutter alles erklärt, so berichtete später unsere Mutter. Als sie mit der Unterweisung fertig war, bekam sie unerträgliche Kopfschmerzen, sodass sofort der Arzt geholt werden musste. Diagnose: Gehirnschlag, der dann gleich zum Tode führte.

Ich erinnere mich an eine große Beerdigung. Die Verwandtschaft versammelte sich nach der Beisetzung bei uns in der „guten Stube", von der sonst nur Heiligabend und an den Festtagen Gebrauch gemacht wurde. Die aus Nussbaum furnierten und auf Hochglanz handpolierten Möbel setzten sich weitgehend aus Gesellen- und Meisterstücken zusammen, die im Betrieb von den Lehrlingen und Gesellen für die Prüfungen angefertigt wurden. Über der Stube lag immer ein etwas muffiger Geruch, weil sie nicht regelmäßig benutzt wurde. Nur zum Klavierüben durften wir hinein, da das Klavier, das Mutter mit ihrer Heirat aus ihrem Elternhaus mitgebracht hatte, seinen Platz in der „guten Stube" hatte; aber auch im Winter wurde das Zimmer für unsere Übungsstunden nicht geheizt.

Nun hatte sich die Trauergesellschaft zur Kaffeestunde versammelt. Während Mutter in der Küche den Kaffee bereitete, setzte sich flugs meine kleine Schwester Rosemarie ans Klavier. Sie war jetzt drei Jahre alt. Rosi war ein kleines Wunderkind, wie man damals so sagte, denn sie spielte schon sehr phantasievoll und für Laienohren auch harmonisch aus dem Kopf zweihändig ihre Kinderlieder, aber auch bereits Volkslieder, von denen sie die Melodien kannte.

Bald kam Vater hereingestürzt und verbot angesichts der Trauerfeier das Klavierspielen. Aber er unterlag. Die staunenden Gäste bestanden darauf, dass Rosi weiterspielte, und dann unterhielt sie ihre Zuhörer erst recht mit einem Wunschkonzert. So wurde aus der Trauerfeier eine recht fröhliche Runde.

Bei der Beisetzung, so habe ich mir später erzählen lassen, haben auch viele „Rollkunden" der Großmutter die letzte Ehre erwiesen, zumal mit Großmutters Tod auch der Betrieb der Drehrolle eingestellt wurde. Immerhin war es die Großmutter Louise von der Marienkirche, Mutter Beckmann, die originelle Frau mit ihrer Drehrolle, die man jetzt zu Grabe trug. So ging mit dieser frommen und bescheidenen Frau, der die moderne Zeit stets ein Greuel gewesen war, eine Ära der „guten alten Zeit" zu Ende.

Die Turmbeobachter

Wir schrieben bereits das Jahr 1941. Großmutter war Ende des letzten Jahres verstorben und auch ihre alte Drehrolle im Haus gab es nicht mehr. Unter dem beginnenden Krieg hatte Großmutter sehr gelitten, zumal sie täglich die Todesnachrichten der gefallenen Soldaten unserer Stadt in der Zeitung zu lesen bekam. Oft waren es gute Bekannte, ihre Jungs und Freunde ihrer Söhne. Denn es war immerhin schon der dritte Krieg Deutschlands, den sie jetzt erleben musste – nach 1870/71 und 1914 bis 1918.

Der Polenfeldzug war siegreich zu Ende gegangen, inzwischen auch der Einsatz gegen Frankreich, aber das schloss nicht aus, dass die Kämpfe an den Fronten schwerer und grausamer wurden. Zunehmend flogen jetzt feindliche Flugzeuge in unser Land ein, nicht nur um militärische Ziele zu bombardieren, sondern sie hatten schon hier und da flächendeckend deutsche Städte als Bombenziele. Aber auch in meiner Heimat gab es mindestens drei größere militärische Stützpunkte, die für feindliche Bomber wichtige Ziele waren. Stargard war eine alte Garnisonsstadt mit zwei großen Kasernenkomplexen. Ein ganzes Infanterieregiment war dort bereits während des Ersten Weltkrieges stationiert. Drei Kilometer von Stargard entfernt lag der größte Militärflugplatz von Hinterpommern, und in Stettin, der nächsten großen Stadt und Hauptstadt von Pommern, war das Hydrierwerk als Bombenziel interessant, ebenso der Oderhafen, in dem die Kriegsmarine stationiert war. So gab es sehr bald in unserer Gegend die ersten Feindeinflüge, die auch der Zivilbevölkerung zu schaffen machten.

Vater war wegen seines Betriebes, der jetzt weitgehend der Rüstung diente, vom Kriegsdienst befreit. In der Werkstatt wurden schwere Transportkisten für die Raketenstation Peenemünde unter dem Direktor Wernher von Braun hergestellt. Dessen Sozius Dr. Rambauski besuchte und kontrollierte laufend Vaters Betrieb. Für den benachbarten Kriegsflugplatz Klützow wurden Werkbänke angefertigt, die Vater mit seinem Pkw mit Plattenanhänger selber anlieferte.

Trotzdem hatte der Luftschutzbund für Vater und seinen gleichaltrigen Geschäftsfreund einen Kriegseinsatz als „Turmbeobachter" vorgesehen. Man hatte die beiden Männer für diesen Sonderdienst ausgewählt, weil sie ganz in der Nähe der Marienkirche wohnten, die auf ihrem Turm die höchste Aussichtsplattform von allen Kirchen der Stadt hatte. So waren sie dazu verpflichtet, bei Fliegeralarm den Turm der Marienkirche zu besteigen und den Anflug feindlicher Flugzeuge und Luftangriffe im Raum Stargard-Stettin zu beobachten und der vorgesetzten Polizeistation im Rathaus darüber Meldung zu machen. Nur wenige Bürger der Stadt wussten von diesem Dienst, der nicht nur mit vielen Strapazen verbunden war, sondern von den Turmbeobachtern jetzt fast Nacht für Nacht viel Einsatz verlangte.

Berichten kann ich darüber, weil ich den Kollegen meines Vaters oft vertreten habe, der wiederholt wegen

Die Pelzmütze gehörte mir, aber mein Vater nahm sie im Winter immer, wenn er bei Fliegeralarm auf den Kirchturm musste. Sie existiert heute noch.

Krankheit ausgefallen war. Bevor Vater mir die Begleitung anbot, ich war gerade 14 Jahre alt, musste er oft nachts alleine auf den Turm. Einen offiziellen dritten Vertreter gab es nicht. Was hätte nur meine Großmutter gesagt, wenn sie von meinem Einsatz gewusst hätte, und das in meinem Alter?

Für den Turmdienst waren wir gut ausgerüstet. Warme Kleidung, Pelzmützen mit Ohrenschützern waren besonders im Winter angebracht, zumal auf dem Ausblickplatz im Holzaufbau des Turmes ein stärkerer Wind wehte als auf der Straße zwischen den Häuserreihen. Vater hatte ein scharfes Fernrohr, mit dem er den weiten Raum über Stettin im Blick hatte. Auf dem

Turm befand sich ein Telefon mit einem Kabelanschluss zur Polizeiwache im Rathaus. Schnurlose Telefone gab es ja noch nicht, erst recht kein Handy. Das Kabel führte vom Rathaus aus hoch über die Straße in die Kirchentür und dann ganz locker die Turmtreppen hinauf bis zur Aussichtsplattform. Jede auffällige Wahrnehmung musste sofort gemeldet werden, damit im Notfall Feuerwehreinsatzwagen und Hilfstruppen schnell zur Stelle sein konnten. Natürlich kam es auch vor, dass man von schweren Gewittern überrascht wurde und es um einen herum blitzte und es hier und da einschlug, was in schwindelnder Höhe nicht besonders angenehm, aber gut zu beobachten war.

Die Turmbeobachter – so nannte man sie – und ich gehörte bald fest dazu, versahen nicht nur während des Fliegeralarms ihren Dienst. Die Meldung vom Feindanflug erreichte die Männer von der Polizeiwache aus lange Zeit, bevor in der Stadt Voralarm gegeben wurde. In Erinnerung habe ich den nächtlichen Anruf: „Feindlicher Einflug über Braunschweig gemeldet."

Dann mussten wir uns sofort anziehen und das Haus verlassen. Die notwendigen Einsatzutensilien lagen immer am Bett bereit. Als ich das erste Mal meinen Vater begleiten durfte, war mir eigenartig zumute. Für mich als unerfahrener Junge war ein solcher Dienst wie ein Fronteinsatz, da ich befürchtete, dass uns eine Bombe oder das Maschinengewehrfeuer der feindlichen Flieger gezielt treffen könnte. Mein Vater war als ehemaliger Frontkämpfer des Ersten Weltkrieges dagegen gefeit. Schon der Eintritt in die nächtliche große Kirche war für mich in der ersten Zeit etwas unheimlich.

Der gesamte Aufstieg auf den Turm dauerte etwa 20 Minuten. Zunächst führte eine enge Steinwendeltreppe im Turm bis zur Höhe des mittleren Kirchengewölbes. Das waren etwa 35 Meter. Die Marienkirche in Stargard hat das dritthöchste Gewölbe der damaligen norddeutschen Kirchen nach dem Königsberger Dom und der Lübecker Marienkirche.

Dort, wo der Turm dann als viereckiger Backsteinbau aus dem Kirchengebäude herausragt, wird die Wendeltreppe durch Holztreppen abgelöst, die von Podest zu Podest führen, bis dann in dem schlanken sechskantigen Turmaufbau normale Leitern zu dem Ausblick über der Uhr führen. Eine schwere Luke musste hochgedrückt werden, um auf die Plattform des Ausblicks zu gelangen. Nicht so angenehm, ja gruselig war es für mich in der ersten Zeit, wenn wir nachts Fledermäuse oder Eulen aufscheuchten, die uns dann um den Kopf herumflogen.

Erschreckt habe ich mich, als ich das erste Mal das Anschlagen der Uhr vernahm – ein unbeschreibliches Geräusch, wenn die Ketten langsam anzogen, bis dann die Turmuhr ihre Schläge von sich gab, die so laut verhallten, wie man es 90 Meter tiefer, also unten auf dem

Foto rechts:
Stargard, Marienkirche mit Teil des Marktplatzes. Aufnahme etwa aus den 1920er-Jahren. Auf der Plattform oberhalb der großen Uhrenblätter, die nach allen vier Seiten des Turmes blicken, hatten wir Turmbeobachter unseren Standort 90 Meter über dem Straßenpflaster.

Bürgersteig, nicht wahrnehmen kann. Nach den vier Vorschlägen folgten die noch stärkeren Hauptschläge, für jede volle Stunde einer. Schlimm fand ich es, wenn wir vor Mitternacht auf den Turm mussten und die Uhr dann zwölfmal anschlug.

Ein nächtlicher Turmeinsatz konnte Stunden dauern, denn wenn die Stargarder Bürger bereits Entwarnung bekamen, mussten die „Turmmänner" weiterhin zur Beobachtung oben bleiben, bis sie von der Polizeistation abberufen wurden. Es konnte sein, dass bereits eine neue Anflugwelle gemeldet war. Für die Bürger, die schon wieder in den Betten lagen, bedeutete das ein zweiter Alarm, wie es die Älteren unter uns noch in Erinnerung haben werden.

Schaurig-schön und faszinierend waren die von den Feindflugzeugen über Stettin gesetzten „Christbäume", die den ganzen Himmel erleuchteten. Diese „Christbäume" entstanden durch in geballter Ladung abgeworfene Leuchtkugeln, die sich über der Stadt zu „Christbäumen" formierten und so den Ort erleuchteten, damit die Bombenziele gut sichtbar wurden. Ein festlich-feierlicher Anblick, könnte man meinen, ein unvorstellbar riesiges Feuerwerk über einer großen Stadt, der aber das Chaos bevorstand. Denn die „Festillumination" währte nur kurze Zeit. Dann spiegelten sich am Himmel die Feuer der Einschläge der ersten Bomben. Wiederholt hatten die Bomberverbände die Hydrierwerke in Stettin-Pölitz als Ziel oder auch den Stettiner Kriegsmarinehafen.

Für uns ist es kaum noch vorstellbar, wie sich Menschen für derartige Zerstörungen hergeben konnten,

Ein Foto aus der Zeit, als ich mit meinem Vater nachts als Turmbeobachter auf die Marienkirche steigen musste. Das Bild war mein erstes Passbild, 1942 vom Fotografen Wolff in Stargard am Markt 11 aufgenommen.

zumal wir mit Engländern, Amerikanern und Polen heute befreundet sind.

Nicht selten kam es vor, dass wir nachts zweimal unseren Posten einnehmen mussten. Das bedeutete dann in einer Nacht viermal 20 Minuten Auf- und Abstieg im Turm. Natürlich musste Vater am nächsten Morgen um 6.30 Uhr wieder in seinem Betrieb und ich in der Schule sein. Es waren schon hohe Anforderungen, die der Luftschutzbund an die Turmbeobachter stellte. Und die Luftangriffe nahmen im Laufe des Krieges bekanntlich zu.

Als ich 1946 aus der russischen Gefangenschaft zu meinen Eltern in ihre Flüchtlingsheimat kam, erzählte Vater, dass er, als die Stadt schon von den Bürgern geräumt war, weiterhin als Turmbeobachter seinen Dienst versehen musste. Oft war das dann auch am Tage.

Einmal wollte er in die Kirche, als vor der Kirchentür ein großer Bombenblindgänger lag, sodass er über ihn hätte hinwegsteigen müssen, denn er hatte nur für die eine Tür einen Schlüssel. Er sei dann zur Polizeiwache gegangen und habe gemeldet, dass der Kircheneingang durch einen Blindgänger nicht zugänglich sei.

„Sehen Sie zu, wie Sie in die Kirche kommen!“, bekam er den Befehl.

Als er noch einmal klarzumachen versuchte, dass es nicht möglich wäre, sei ein Polizeioffizier mit durchgeladener Pistole mitgegangen. Der habe sich dann, von einer Hauswand geschützt, abseits gestellt, und habe meinem Vater befohlen, über den Blindgänger hinwegzusteigen, wenn er nicht wegen Befehlsverweigerung erschossen werden wolle. Das sei dann auch der letzte Turmeinsatz gewesen, so berichtete mein Vater.

Am nächsten Tag ging auch die Polizei auf die Flucht.

Eine Auszeichnung haben die Turmwächter nie bekommen, aber ihr Leben blieb ihnen über den Krieg hinaus erhalten, und das war ihnen sicher mehr wert als jeder Orden.

So schnell kam man ins KZ

Glück muss man haben, und man musste es auch haben, als die Kriegswirren den Menschen zu schaffen machten. So erging es mir, als ich im Zweiten Weltkrieg den Stellungsbefehl bekam. Es geschah nach dreimonatigem Arbeitsdienst im Januar 1944. In der Diele unseres Hauses veranstaltete ich einen Besentanz, nicht zuletzt zum Kummer meiner Eltern.

„Wie kannst du dich so freuen, wenn du zur Wehrmacht eingezogen wirst – in den Krieg?“

Vater war genauso um mich besorgt wie meine Mutter, und was hätte Großmutter erst dazu gesagt?

Auch Vater war im Ersten Weltkrieg an der Front und später in der Gefangenschaft gewesen. Die Eltern wussten nicht, dass ich mich freiwillig gemeldet hatte. Aber es war die einzige Möglichkeit, zur Wunscheinheit zu kommen und der Waffen-SS zu entgehen, zu der ab 1943 alle Wehrpflichtigen eingezogen wurden.

Und das war meine Freude: Ich hatte die Einberufung zur Luftnachrichtentruppe bekommen und „landete“, jetzt im wahrsten Sinne des Wortes, im Mai 1944 nach dreimonatiger Rekrutenzeit auf dem Flugplatz für Segelflugzeuge und Flugboote, auf der Insel Wollin am Stettiner Haff an der Ostsee. Die Ausbildungszeit in der Bordfunkerschule Dievenow, als Bordfunker forderte ihren Tribut, war aber nicht zu vergleichen mit den Fronteinsätzen der Kameraden.

Dann kam der 20. Juli 1944, der Tag des leider misslungenen Anschlages auf Hitler durch Oberst Graf von Stauffenberg. Mit diesem Tag wurden alle Wehrmachtsschulen aufgelöst, und die Soldaten kamen zu den Fronteinheiten. Von Dievenow aus fuhren wir in Güterwagen tagelang unter Bombenangriffen und Beschuss nach Offendorf im Elsaß.

In den Durchgangsbahnhöfen standen auf den Bahnsteigen Reisende und Wartende, weitgehend junge Frauen, Soldatenbräute und Mütter. Sie hofften, dass vielleicht ein Angehöriger beim Durchgangstransport dabei wäre, denn die Männer waren an der Front oder schon gefallen, teils auch als Verwundete in Lazaretten. Wir jungen Soldaten taten ihnen leid.

„Werden wir den Krieg gewinnen?“, fragten sie uns, und wir noch unreife, erlebnishungrige Männer – eigentlich waren wir noch Kinder, denn auch ich war gerade erst 17 Jahre alt – haben ihnen Mut gemacht und den Endsieg prophezeit. Dafür bekamen wir einen dikken roten Apfel. Mehr hatten sie selber nicht.

In Offendorf wurden wir entladen und standen nach kurzem Marsch vor der Heinrich-Himmler-Kaserne. Also waren wir bei der Waffen-SS, was wir alle nicht gewollt hatten. Dafür hatten wir uns nicht freiwillig zur Luftwaffe gemeldet. Noch einmal drei Wochen Rekrutenzeit, weil die Ausbildung bei den „Schlipssoldaten“, so nannte man uns Luftwaffensoldaten, nicht anerkannt wurde. Auch bekamen wir – zu unserem späteren Glück – keine komplette SS-Uniform. Nach weiterer Ausbildung schickte man uns zum Fronteinsatz an der Invasionsfront bei der SS-Division Götz-von-Berlichingen. Völlig frontunerfahren warf man uns in sehr harte Kämpfe hinein. Unter hohen Verlusten wurde die ganze Division aufgerieben. Der Restbestand kam nach zweimonatigem Einsatz ins Hinterland zurück, zunächst in eine Entlausungsanstalt. Neue Wäsche gab es noch nicht. Mit dürftiger Kleidung kamen wir wieder per Bahntransport nach Deutschland.

In Stendal, einer alten Garnisonsstadt, warteten leer stehende Kasernen auf uns. Hier wurden wir für den weiteren Fronteinsatz neu zusammengestellt.

Nun stand das Weihnachtsfest vor der Tür, und ich traute meinen Ohren nicht, als der Grenadier Horst Beckmann ausgerufen wurde.

Und dann stand ich unverhofft vor meinen Eltern! Mein Vater, dessen Betrieb zur Rüstungswerkstatt umgestellt worden war, hatte seinen Pkw frei; das heißt, der Wagen bekam am Nummernschild einen roten Winkel als Zeichen dafür, dass er das Auto mit Hänger für Lieferungen einsetzen durfte, aber auch einige Privatfahrten waren genehmigt. So waren meine Eltern gekommen, um mich zu besuchen.

Natürlich hat eine Mutter schnell einen Blick für den Zustand ihrer Kinder, und so stellte sie auch fest, wie dürftig ich gekleidet war. Statt der Strümpfe hatte ich Fußlappen, und das im kalten Winter. Unterwäsche trug ich auch nicht – die war für uns noch nicht eingetroffen. Die verlauste Wäsche waren wir losgeworden. So fehlte es an Vielem.

Mutter war entsetzt, was ich ihr sofort anmerkte. Dennoch gab es gute Gespräche, vor allem musste ich, wenn auch sehr vorsichtig, von meinem ersten Fronteinsatz berichten, bei dem viele Kameraden und Freunde verwundet worden, aber auch viele gefallen waren. Alles hat meine Eltern sehr mitgenommen. Vater und Mutter sind betroffen und traurig nach Hause gefahren, hatten aber ein stattliches Lebensmittelpaket dagelassen, dessen Inhalt ich mit meinen Kameraden teilte.

Zu Hause angekommen, konnten sich die Eltern nicht beruhigen und erzählten von allem, was sie erlebt hatten, in der Verwandtschaft und Nachbarschaft. Am nächsten Morgen ging Mutter zum Milchmann, um einzukaufen. Er war ein guter Freund unserer Familie. Natürlich erzählte sie von ihrem Sohn, über seinen Fronteinsatz, dann von seiner Aufmachung – und das bei der Waffen-SS, die immer die Elitetruppe sein wollte. Als Mutter den Laden verließ, fiel ihr auf, daß eine Kundin vor ihr nicht nach Hause gegangen, sondern in der Ladentür stehengeblieben war, aber Mutter kannte sie nicht.

Mutter war kaum zu Hause, als sie einen Anruf von der Kreisleitung bekam. Sie solle sofort zum Kreisleiter kommen. Natürlich war sie jetzt entsetzt und verängstigt. Sofort rief sie im Betrieb an, wo Vater zufällig war. Er müsse sofort kommen. Vater ahnte, was auf sie zukam. Da er nicht Parteigenosse hatte werden wollen, aber ständig für Behörden und für die Wehrmacht zu arbeiten hatte, war er dem Nationalsozialistischen Kraftfahrerkorps beigetreten, kurz: NSKK. Bei dieser Einheit wurde man kaum politisch und ideologisch geschult, sondern es wurde Fachwissen über Motorentechnik und Fahrzeugpflege vermittelt. Diese Parteigruppe war für ihn die richtige. Oft wurde er von der Kreisleitung gerufen, um mit seinem Wagen die Propagandaredner in die Nachbarorte zu fahren. Dann brachte er sie nach anschließendem langen Zechabend meist volltrunken wieder nach Hause. Diese Kontakte nahm Vater jetzt zum Anlass. „Du bleibst zu Hause!“, gebot er der Mutter.

„Ich werde in Uniform zur Kreisleitung fahren, um einen Nazibonzen zum Einsatz zu bringen; das gebe ich jedenfalls vor.“

Vater fuhr zur Kreisleitung, meldete sich beim Kreisleiter, einem im Zivildienst gescheiterten und wegen irgendwelcher Vorkommnisse entlassenen Buchhalter. Dreimal kurzes Anklopfen. „Herein!“

Vater nahm stramme Haltung an, grüßte vorschriftsmäßig mit dem Hitlergruß und meldete: „NSKK-Mann Beckmann zur Stelle.“

Dann kam ein Donnerwetter über ihn.

„Ich habe nicht *Sie* gerufen, sondern Ihre Frau! Wollen Sie auch hinter Gitter? Dann bleiben Sie gleich hier. Ich werde Ihre Frau sofort von der Polizei abholen lassen.“

Vater erzählte später, daß er sich gewundert habe, wie der Mann seine Toberei so durchgehalten habe, während er aber dabei völlig ruhig geblieben sei. Dann aber habe er ihn gefragt, ob er das Telefon benutzen dürfe. Er müsse Herrn Wernher von Braun in Peenemünde anrufen und ihm mitteilen, dass er seine Lieferungen sofort einstellen und seinen Betrieb schließen müsse, denn er arbeite für die Torpedoversuchsstation und seine Frau sei vertrauensvoll allein in alle schriftlichen Arbeiten eingeweiht.

Stille sei eingetreten. Der Kreisleiter war offensichtlich verlegen. Dann sei er erregt aufgestanden und habe Vater angeschrien:

„Machen Sie, dass Sie nach Hause kommen! Und wenn Sie noch einmal unsere deutschen Kampftruppen beleidigen, dann wird sich Herr von Braun eine andere Firma suchen müssen."

Während Vater noch mit Haltung schweigend dastand. – „Nun hauen Sie endlich ab!"

Als unser Vater nach Hause kam, saß Mutter zusammengesunken am Tisch und weinte. Wahrscheinlich waren die Tränen so lange geflossen, wie Vater weg war. Dann wurden aber aus den Kummertränen Freudentränen.

Dass es Konzentrationslager gab, war allgemein bekannt, zumal auch ehemalige Insassen zurückkamen, die aber unter Todesstrafe zur Verschwiegenheit verpflichtet waren.

Die Eltern waren jetzt vor dem KZ bewahrt – nicht zuletzt durch Wernher von Braun. – Man lag sich in den Armen und dankte Gott.

Wenn Mütter überraschen

Von den schrecklichen Geschehnissen, mit denen die Eltern zu Hause durch mich belastet wurden, habe ich erst erfahren, als ich aus der Gefangenschaft zurückkam. Wären Vater und Mutter ins KZ gekommen, hätte auch ich das Weihnachtfest nicht bei der Heimattruppe erlebt, sondern wäre sofort in eine Strafkompanie an die Front versetzt worden. Wehrmachtszersetzung, oder was immer man mir hätte vorwerfen können, denn immerhin hatte ich vor meinen Eltern die Waffen-SS schlecht hingestellt, was ich eigentlich nicht gewollt hatte. Die Strafkompanien wurden dort eingesetzt, wo die höchsten Verluste eingeplant waren. Ehrlicherweise muss ich gestehen, dass es bei der Waffen-SS grundsätzlich sehr kameradschaftlich zuging, man war füreinander da, hielt zusammen, obwohl wir von der Luftwaffe Hinzugekommenen uns nicht so angenommen fühlten. Schließlich waren wir keine SS-Freiwilligen. Andererseits aber gab es bei der SS eine strenge Ordnung.

Dass zu Hause alles gut gelaufen war, und Vater und Mutter nach wie vor ihrer Arbeit nachgehen konnten, war für mich nachträglich eine Gottesfügung.

In Stendal wurden wir für neue Fronteinsätze ausgebildet, aber dann kam Weihnachten, eine Zeit, die bei manchen Kameraden, besonders wenn sie Familienväter waren, die Herzen wehmütig werden ließ. Es gab eine Verfügung, nach der es in besonderen Fällen zum

Heiligen Abend Heimaturlaub gab, wenn Soldaten Familienväter waren oder wenn zu Hause ein Notfall vorlag. Für den jungen Grenadier Beckmann kam das natürlich nicht in Frage. Aber mit Rücksicht auf die Weihnachtsurlauber wurde die Feier für die Einheit um einige Tage vorverlegt.

Bis zu diesem Tag ging es in der Truppe sehr hektisch zu, und man kam sich vor wie in den Kindertagen, denn wer aus der Rolle fiel, würde von der Weihnachtsfeier ausgeschlossen – so sagte man uns.

Dann war es soweit! In Gruppen zogen wir in den festlich geschmückten Tagesraum wie beim Exerzieren auf dem Kasernenhof. Festlich geschmückt soll heißen, dass in einer Ecke des Raumes ein mit Kerzen dekorierter Tannenbaum aufgestellt war. Die Tische waren schlicht gedeckt. Auf jedem Platz lag eine Tafel Schokolade. Ein Kamerad begleitete auf einem alten, sehr verstimmten Klavier das erste Weihnachtslied „O Tannenbaum, o Tannenbaum, wie grün sind deine Blätter". Dann ergriff der Kommandeur das Wort:

„Kameraden, wir feiern heute die sechste Kriegsweihnacht. Viele unserer Kameraden sind auf dem Felde der Ehre geblieben, aber ..."

Und dann folgten für uns heute leere Worte. Damit war der offizielle Teil dieses Abends beendet. Davor wurde noch ein „Weihnachtslied" gesungen: *„Hohe Nacht der klaren Sterne, die wie weite Brücken steh'n. Über einer tiefen Ferne, drüber uns're Herzen geh'n ...".*

Ein Lied, das Hans Baumann für die „germanische" Wintersonnenwende geschrieben hatte, die beim Nationalsozialismus mehr Beachtung fand als das christliche

Weihnachtsfest.

Als sich dann besonders die älteren Kameraden am Glühwein erfreuten, bei dem der gehörige Schuss Rum nicht fehlen durfte, verließen jüngere nach und nach schweigend den Raum. Auch ich zog mich, von der Feier enttäuscht, zurück und wollte mich, wehmütig an unsere Familienfeiern denkend, auf mein Bett legen und traurig sein. Kaum hatte ich meine Stube betreten, als mein Blick auf mein Bett fiel: ein Paket! An der groß aufgemalten Adresse erkannte ich die Handschrift meiner Mutter. Das Weihnachtspaket! Und dann so früh, obwohl die Eltern erst vor drei Wochen ein großes Paket mitgebracht hatten. Sollte ich es bis zum Heiligen Abend liegen lassen, noch fünf Tage? Oder ob ich es schon öffnete? Es könnte ja Verderbliches drin sein. Meine Missstimmung gab zu Letzterem Anlass. So würde der Abend doch noch einen guten Abschluss finden; Mutter schrieb immer so gute und eindrucksvolle Begleitbriefe.

Sparsam und gespannt löste ich die Schnur, denn ein Soldat kann alles verwenden, und Mutter wusste das; dafür hatte sie die Verpackungsschnur so geknotet, dass man sie ohne Schwierigkeiten lösen konnte. Dann der Einschlagbogen; auch der wurde wieder, brauchbar für irgendetwas, in den alten Falten zusammengelegt. Mutter verpackte ihre Pakete sehr korrekt und eigen. Der Karton war noch einmal mit dünner Schnur zugebunden, und so wuchs die Spannung zunehmend. Natürlich waren alle kostbaren Sachen liebevoll in Weihnachtspapier eingewickelt, wenn das Papier auch schon einige Male gedient hatte. Man musste alles gut aufheben, um es wieder verwenden zu können, denn zu kaufen gab es nur das Nötigste. Obenauf lag der begleitende Brief wie auch sonst bei den Feldpostpäckchen. Ich sollte ihn zuerst lesen, bevor ich die eingewickelten Sachen auspacke; dann könnte ich immer noch entscheiden, ob ich sie bis zum Heiligen Abend verpackt lasse.

„Mein lieber Junge“,

so begann Mutter immer ihre Briefe an mich.

„Nun ist es für Dich und für uns das zweite Weihnachtsfest, an dem Du nicht mit uns am Heiligen Abend zusammen sein kannst. Es tut uns sehr leid, dass Du unsere eindrucksvollen Familienfeiern vermissen musst, wenn Vater zu den Liedern auf der Geige gespielt hat, während ich ihn auf dem Klavier begleitet habe. Und dann die Gedichte und Geschichten, die wir aufgesagt und gelesen haben; nachdem wir die Weihnachtsgeschichte vorher gemeinsam in der Kirche gehört haben. Aber nun bin ich schon beim Heiligen Abend! Zuvor gratulieren wir Dir sehr herzlich zu Deinem Geburtstag! Achtzehn Jahre wirst Du alt. Drei Jahre sind es noch bis zur Volljährigkeit und so jung musst Du schon Frontsoldat sein und unsere Heimat verteidigen ...“.

Ich glaube, ich habe mich erschrocken! An der Front wurden Geburtstage oft verdrängt, weil sie zu Sentimentalität Anlass gaben, aber hier in der Kaserne?

Ich dachte über die Tage nach. Die Kalendertage hatten wir nicht immer im Griff, aber es waren noch fünf Tage bis zum Heiligen Abend und – tatsächlich: Wir hatten heute den 19. Dezember – mein Geburtstag und ich wurde 18! Ich hatte ihn wirklich vergessen! Ich glaube, ich habe ein paarmal: „Danke, Mutti, danke!“, gesagt.

Die vorausgegangene Weihnachtsfeier war abgehakt. Aber ob mir jetzt trotzdem die Tränen kamen, weiß ich nicht mehr, vielleicht Tränen des Heimwehs, der Sehnsucht, der Freude – oder ein paar schon echte Männertränen?

Eines aber weiß ich noch, dass ich an diesem Abend die eindrucksvollste Stunde aller meiner Geburtstage erlebt habe. Was doch eine Mutter alles vermag! Und darüber hinaus war es ihr gelungen, das Paket so abzuschicken, dass es mich pünktlich an meinem Geburtstag erreichte. Danke, Mutti, das sage ich heute noch einmal über deinen Tod hinaus.

Mein silberner Esslöffel

1. November 1945. Auf dem Güterbahnhof in Pirna bei Dresden herrscht großes Leben und Treiben. Einige hundert kranke, gesundheitlich angeschlagene und auch sehr junge deutsche Kriegsgefangene sind mit einem Güterzugtransport aus der russischen Gefangenschaft angekommen. Aus den Gefangenenlagern im Donezbecken sind sie für diesen Zug zusammengestellt worden. Auch ich gehörte zu ihnen, kam aus Debalzewo am Asowschen Meer zwischen Rostow und Stalino.

Im Lager habe ich zum Schluss mit rechtsseitiger Lungenentzündung im Krankenrevier gelegen. Hinzu kam hochgradige Dystrophie, sodass ich mit 90 Pfund Lebendgewicht nach Hause geschickt wurde. Alle für die Entlassung vorgesehenen Kriegsgefangenen mussten unbekleidet zum Appell antreten. Die Lagerärztin nahm die in Reihe aufgestellte Nacktparade ab. Sie war eine noch junge russisch- jüdische Ärztin, eine sehr reizende Frau mit Silberblick. Als sie vor mir stand – sie kannte mich aus dem Krankenrevier, und ich hatte den Eindruck, dass sie mich gern hatte –, gab sie mit der Hand ein Zeichen, dass ich kehrtmachen sollte. Dann stand ich ihr wieder gegenüber. Sie sagte zu mir: „Geh' zur Muuter!“, und ging dann weiter.

Das waren für mich drei befreiende Wörter, die ich bis heute nicht vergessen habe. Sie bedeuteten für mich das Ende der Kriegsgefangenschaft und die Heimreise in die Heimat. So gehörte ich zu denen, die in den nächsten Tagen das Lager verlassen durften. Eindrucksvoll war der Moment, als wir vor dem Lagertor standen, das dann für uns geöffnet wurde. Vor dem Tor parkten Lkws, die uns zum Verladebahnhof brachten. Dort stand ein „Lazarettzug" für uns bereit, der schon fast belegt war. Lazarettzug?

Eher war es ein Viehwagen wie beim Hertransport, durch Holzroste in zwei Etagen getrennt für 40 Plätze in jedem Waggon. Als Utensilien hatte ich lediglich eine Weißblechdose mit Drahthenkel zum Essenfassen bei mir, auch keine zweite Unterwäschegarnitur.

Keine bewaffneten russischen Soldaten, sondern nur uniformiertes Begleitpersonal reiste mit. Der ganze „Lazarettzug" hatte keinen Arzt als Begleitung. Über die sehr bewegende 25-tägige Rückreise will ich nicht berichten. Nur soviel: Das Essen war besser als die Lagerverpflegung, aber da wir alle gesundheitlich angeschlagen waren, sind während der Rückfahrt allein in unserem Waggon 14 Kameraden gestorben. Sie fanden ihre Gräber neben den Bahngleisen. Der letzte Verstorbene hatte noch in Dresden an der Wagentür gestanden und sichtlich gerührt gerufen: „Jetzt bin ich zu Hause!"

Er hat es bis Pirna nicht mehr geschafft.

Auf dem Güterbahnhof in Pirna bekamen wir nach Aufruf den Entlassungsschein. Dann waren wir frei. Jeder ging seiner Wege. Meiner führte zum Hauptbahnhof. Als entlassener Kriegsgefangener fuhr man zu dieser Zeit kostenlos durch Deutschland bis zum Heimatbahnhof. Auf dem Weg überholte mich eine junge Frau, blieb dann stehen und wartete auf mich. Sie schaute mich freundlich an, gab mir einen Zwanzig-

Als ich meinen Schwager bat, von meinem silbernen Esslöffel ein schönes Foto für das Buch zu machen, fiel ihm ein, dass er vor Jahren einmal ein anderes seltenes Andenken von mir fotografiert hatte: meine Erkennungsmarke. Durch den Kriegseinsatz und die Gefangenschaft hindurch konnte ich sie behalten. Das war in Russland durchaus nicht selbstverständlich, meist wurde sie einem weggenommen.

Wenn man als Soldat im Kampf gefallen war, wurde die obere Hälfte an das Kreuz genagelt und die untere Hälfte ging an die militärische Einheit zur Information der Angehörigen. Oft genug war das natürlich nicht möglich. Meine Erkennungsmarke bewahre ich bis heute auf und werde sie meinen Kindern hinterlassen. Sie soll sie an das Elend des Krieges erinnern.

Kontr.-Bez. Dresden

Fahrkarte Nr: Kriegsgefangener

Tag 01/11/194

Pers. voller Preis || Pers. halber Preis

Personenzug

von Bahnhof Pirna

nach Stargart

über Berlin

3. Kl. km RM Rpf

Schwer krank, mit einem russischen Entlassungsschein in der Tasche, kam ich am 1. November 1945 in einem Sanitätstransport von Debalzewo (Donez, Ukraine) nach Pirna bei Dresden. Weil ich nach Hause nach Stargard in Pommern wollte, ließ ich mir in Pirna eine Bahnkarte dorthin ausstellen. Für Kriegsgefangene auf der Heimreise gab es die kostenfrei. Doch in Berlin war die Reise zu Ende. Stargard war inzwischen polnisch und meine Eltern waren von dort vertrieben worden.

markschein in die Hand und ging zügig weiter. Ich konnte nicht mehr „Danke“ sagen! Das erste deutsche Geld in der Hand! Vermutlich hat sie, nicht zuletzt durch mein halb abgeschnittenes linkes Hosenbein, geahnt, wo ich herkam.

Am Bahnhofsschalter in Pirna löste ich die Fahrkarte nach Stargard in Pommern. Es dauerte nicht lange, als der Zug nach Berlin einfuhr. Am Anhalter Bahnhof kam ich an, schleppte mich zum Stettiner Bahnhof für den Anschlusszug nach Stargard. Als ich dort durch die Sperre wollte, sagte mir die Bahnbedienstete:

„Stargard in Pommern gibt es nicht!"

Ich wusste nicht, ob ich lachen sollte.

„Ich bin in Stargard geboren und dort wohnen auch meine Eltern."

„Ihre Eltern sind nicht mehr in Stargard; die sind vertrieben worden oder sind geflüchtet, Stargard ist von Polen besetzt, da kommen sie nicht rein."

Es blieb mir nichts anderes übrig, als in die Stadt zurückzugehen. Unterwegs sprach mich wieder eine junge Frau an.

„Sie kommen doch sicher aus der Gefangenschaft?"

„Ja, aus Russland."

„Dachte ich mir. Wollen Sie zu mir nach Hause kommen?"

„Ja, aber eigentlich möchte zu mir nach Hause, aber nach Stargard komme ich nicht; ich weiß jetzt auch nicht, wo meine Eltern sind."

„Kommen Sie erst mal mit."

Nach kurzem Weg waren bei ihr zu Hause. In der Waschküche durfte ich mich frischmachen. Dann lud sie mich zum Abendessen ein. Meine Gedanken kreisten um meine nächste Zukunft. Die Eltern hatten mit der Verwandtschaft verabredet, dass entweder im Osten oder im Westen Deutschlands bei Verwandten eine Anlaufstelle sein sollte. Es gab einen Onkel in Pinneberg, Schleswig-Holstein, Verleger der Pinneberger Tageszeitung. Zu ihm würde ich fahren.

Das Abendessen war fertig. Gemüseeintopf! Ein so feines Essen hatte ich während der ganzen Zeit als Kriegsgefangener nicht gehabt. Und das in einer Zeit, in der die meisten Menschen hungerten. Buntes Gemüse. Knackig grüne Erbsen, kleine rote Möhrenstückchen, ganze Röschen vom Blumenkohl, auch einige weiße Bohnen waren dazwischen. Es fehlte der Brokkoli, den man in Deutschland noch nicht anbaute, auch die Fleischeinlage. Aber das brauchte man nicht. Das Essen war einmalig köstlich.

Es war schon später Abend geworden, da fragte mich die Frau: „Möchten Sie übernachten? Heute kommen Sie doch sowieso nicht weiter."

„Das kann ich Ihnen nicht zumuten."

„Auf dem Hof ist ein kleiner Heuboden, und eine Leiter steht an der Luke. Wenn Sie wollen, können Sie es sich dort zur Nacht bequem machen."

Und das mitten in Berlin!

Gesagt, getan. Ich ging auf den Heuboden und war überglücklich. Vermutlich hatte die freundliche Gastgeberin gemerkt, dass ich verlaust war. Sie hätte mir sonst möglicherweise eine Couch in der Wohnung angeboten. So richtete ich mich nun bequem auf dem Heuboden ein und schlief nach den Strapazen des Tages schnell ein. In der Nacht wurde ich wach. Es kam ein menschliches Bedürfnis über mich. Nicht nur gasige Winde entwichen meinem gefüllten Bauch, sondern da tat sich schon mehr ...

Die vielleicht auch etwas zu fettige Gemüsesuppe, wie ich sie schon lange nicht mehr gewöhnt war, könnte der Grund dafür gewesen sein.

Kurzerhand zog ich die Hose herunter und setzte mich auf eine der oberen Leitersprossen. Das hat tüchtig was gebracht, und zur Reinigung war genug Heu vorhanden.

Am nächsten Morgen stieg ich gut ausgeschlafen die Leiter hinunter, und was sah ich zu meiner Schande: Eine lange braune Straße zog sich von der Bodenluke an der Wand entlang. Peinlich, peinlich! Ich beeilte mich, schnell in der Wohnung meiner Gastgeberin zu sein, bevor sie auf den Hof kam.

Dort erwartete mich ein vorzügliches deutsches Frühstück: reichlich Brot, gute Butter, selbstgekochte Marmelade. Dazu echter Kaffee!

Dann die Verabschiedung, die sehr herzlich war. Ein solch rührendes Verhalten hatte ich lange nicht mehr erlebt. Gern hätte ich mir auch die Adresse geben lassen, um mich später noch einmal zu bedanken oder sogar den Kontakt zu halten, aber bei den Vorkommnissen in der Nacht? Ich weiß nicht!

Mein Weg führte mich an diesem Tag weiter durch Berlin zum Bahnhof, um mit dem nächsten Zug nach Hamburg und dann nach Pinneberg zu fahren. Zwei amerikanische Streifendienstsoldaten kamen mir entgegen, hielten mich an und forderten die Papiere. Ich zeigte meinen russischen Entlassungsschein. Einer nahm ihn in die Hand und riss ihn vor meinen Augen entzwei. Sie gaben mir zu verstehen, dass ich ab sofort in amerikanischer Gefangenschaft sei.

Ich kam in ein Lager, in dem schon mehrere einzeln aufgegriffene deutsche Soldaten waren. Alle, die heute gefangen wurden, kamen zu meiner großen Freude zunächst in eine Entlausungsanstalt. Die Verpflegung war weit schlechter als in Russland: vier Leibnitzkekse pro Tag und Wasser.

Am fünften Tag wurden wir nach unserem Zuhause gefragt. Ich meldete Pinneberg als meine Heimatstadt an. Und tatsächlich, am nächsten Tag wurde wieder ein kleiner Güterzug zusammengestellt, der uns nach Schleswig-Holstein brachte. Alle aus Russland gekommenen Gefangenen kamen in Neustadt ins Lazarett. Hier wurden wir von den Engländern übernommen.

Sofort habe ich einen Brief an meinen Onkel Albert Klinghoff in Pinneberg geschrieben, den er mir später als Erinnerung zurückgegeben hat:

„Neustadt, am 10.11.1945

Lieber Onkel Albert!

Sehr erstaunt wirst Du sein, von mir heute eine Nachricht zu bekommen. Ich bin am 1. November in Pirna aus der russischen Gefangenschaft entlassen worden. Meinen Entlassungsschein hatte ich nach Stargard/Pom. ausstellen lassen und die Absicht gehabt, so schnell wie möglich meinen Heimatort aufzusuchen.

In Berlin erfuhr ich, dass der Pole fast alle Familien aus Hinterpommern ausweist. Nun nehme ich an, dass meine Eltern und Geschwister auch das Weite suchen mussten und bei Dir wahrscheinlich eine kleine Bleibe gefunden haben. Daraufhin ließ ich in Berlin meinen Entlassungsschein nach Pinneberg umschreiben und wollte bei Dir versuchen, mit meinen Angehörigen Verbindung zu bekommen.

Mit einem Sammeltransport bin ich in die englische

Zone befördert worden. Das Entlassungslager befindet sich in Segeberg. Da ich von der russischen Gefangenschaft noch ziemlich heruntergekommen bin, wurde ich auf dem Bahnhof gleich vom hiesigen Lazarett übernommen und werde erst entlassen, wenn ich voll arbeitsfähig bin.

Die Fahrt von Russland bis hierher hat ziemlich fünf Wochen gedauert. Ich lag vom 9. Juli bis zum 7. Oktober im Lazarett im Donezkbecken in Debalcebo (zwischen Rostow und Stalino). Von der Gefangenschaft brauche ich Dir wohl nichts zu schreiben. Ich glaube, dass Du von anderen Kameraden schon genug erfahren hast. Nun möchte ich Dich bitten, meinen Brief sehr bald zu beantworten und mich nicht zu sehr zu enttäuschen. Du kannst Dir ja vorstellen, wie jeder darauf brennt, seine Angehörigen möglichst bald wiederzusehen.

In der Hoffnung, sehr bald eine gute Nachricht von Dir zu bekommen, grüßt Dich und Deine Angehörigen

Horst Beckmann"

Schon wenige Tage später schrieb Onkel Albert zurück, dass meine Eltern und meine beiden Schwestern jetzt in Schneverdingen in der Lüneburger Heide wohnten und er ihnen sofort das Telegramm geschickt habe:

„HORST LEBT! ER IST IN NEUSTADT."

Sie erhielten es am 12. November. Seit dem 11. Februar 1945 war ich für die Eltern vermisst.

Diese Nachricht wurde zum größten Weihnachtsgeschenk ihres Lebens, wie sie später sagten. Und dann bekamen sie sofort den ersten Brief von mir. Besuchen konnten sie mich nicht, weil sie als Flüchtlinge dafür keine Mittel zur Verfügung hatten. So erlebten wir noch einmal getrennt das Weihnachtsfest, bis ich dann am 9. Februar auf eigenen Wunsch einigermaßen gesund entlassen werden konnte. Das war möglich.

Über Hamburg bin ich nach Lüneburg gefahren, wo jetzt Tante Lieschen mit ihrer Familie wohnte, bei denen wir öfter in Kolberg waren. Als ich am 11. Februar weiter nach Schneverdingen fuhr, gab mir die Tante ein damals großzügiges Geschenk mit, ein ganzes angeschobenes Brot, das auf dem Schwarzen Markt dreißig Reichsmark gekostet hatte.

Nun kam ich in Schneverdingen an. Meine Eltern wohnten in der Schulstraße beim pensionierten Realschulrektor Borschel. So fragte ich mich vom Bahnhof zur Schulstraße durch, bis ich an einen älteren Herrn geriet, der mir sagte, dass er denselben Weg habe. Er hat mich sehr interessiert ausgefragt.

„So“, sagte er dann, „nun sind wir zu Hause. Ich bin Rektor Borschel, und Ihre Eltern wohnen oben in der Mansarde.“

Über die Wiedersehensfreude kann ich hier schlecht berichten, aber enttäuscht war ich von der Wohnung: eine kleine Mansardenstube; die Wände teils abgeschrägt. Zwei Betten, ein kleines Sofa, ein Tisch, zwei Stühle, eine kleine Spüle mit Wasserhahn und eine kleine Kochplatte.

Noch am Abend musste ich meinen Eltern und meinen beiden Schwestern ausführlich erzählen, angefangen vom Tag der letzten Begegnung, dem 11. Februar 1945. Von meinen Fronteinsätzen und der Verwundung am 22. April berichtete ich, danach kam ich ins Lazarett in Tschenstochau und von dort nach Russland.

Dann fragte Mutter: „Junge, was soll ich morgen kochen? Wir müssen uns sehr einschränken, aber ich versuche, dir möglichst deinen Wunsch zu erfüllen."

„Ja, Mutti, ich habe einen großen Wunsch: Bitte koche Kartoffelsuppe wie früher in Stargard."

„Kartoffelsuppe? Die mochtest du doch nie!"

„Ja, weißt du, das Essen war in Russland so schlecht, sodass ich großen Appetit auf deine Kartoffelsuppe habe."

„Also gibt es morgen Kartoffelsuppe."

Nun kam es zur ersten gemeinsamen Übernachtung. Vater und ich schliefen in dem einen Bett, Mutti und Rosi, meine jüngste Schwester, im anderen und Christel auf dem Sofa. Dann morgens das Waschen der fünf Personen unter der kleinen Leitung. Aber es ging, und so hielten wir monatelang durch.

Am nächsten Tag gab es Kartoffelsuppe. Ich traute meinen Augen nicht, neben meinem Teller lag mein silberner Esslöffel aus Stargard, den ich von meinem Patenonkel Fritz, dem ältesten Bruder meines Vaters zu meiner Taufe bekommen hatte. Ich war sprachlos! Da lag er tatsächlich wie früher auf dem Tisch in Stargard, auf dem Stiel am Ende die Gravur meines Vornamens *Horst*. Auf der Rückseite das Taufdatum *13. Februar 1927*.

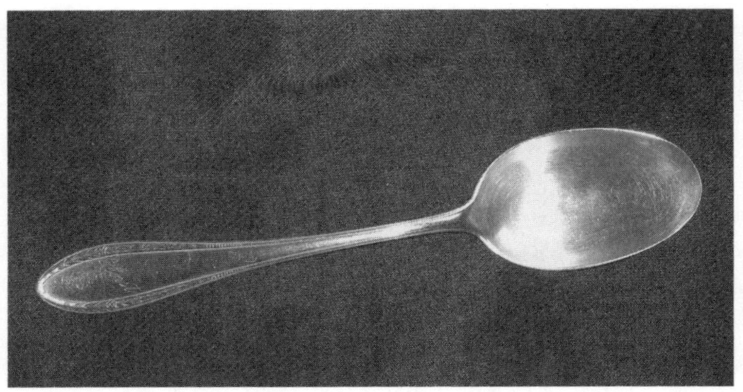

Mein silberner Esslöffel, den mir mein Patenonkel Fritz am 13. Februar 1927 zur Taufe geschenkt hatte, existiert noch. Meine Mutter hat ihn durch die Wirren der Flucht von Stargard nach Schneverdingen bewahrt. Als ich Ende 1945 aus russischer Kriegsgefangenschaft nach Deutschland zurückkam, konnte ich meine erste Kartoffelsuppe, die ich mir von Mutter gewünscht hatte, damit löffeln.

Mutter hatte beim schnellen Packen für die Flucht so manches mitgenommen, worüber wir uns später gewundert haben. Dazu gehörten der Löffel und einige der im Buch veröffentlichten Fotos. Aber der Löffel hatte eine besondere Funktion.

„Den habe ich mitgenommen, weil ich wusste, dass du aus dem Krieg zurückkommen wirst."

Wenn man bedenkt, wie strapaziös und für viele lebensgefährlich die Vertreibung der Deutschen aus dem Osten war, so war der gerettete Löffel ein kleines Wunder. Von Stargard über Pasewalk, Neubrandenburg, Lüneburg nach Schneverdingen in der Heide. Etwa 350

Kilometer wochenlang unterwegs in Güterzügen unter Tieffliegerbeschuss, Bomben und anderen Feindeinflüssen. Mutter mit ihrer 80-jährigen Mutter und den beiden Töchtern. Vater war beim Volkssturm zurückgeblieben.

Aber nun lag da der Silberlöffel! Er erinnerte mich an meine Kindheit. Seit ich alt genug war, um mit ihm zu essen, habe ich ihn bei jeder Suppe und jedem Eintopfessen in Gebrauch gehabt. Wir hatten am Mittagstisch unsere festen Plätze. Links neben mir saß die Großmutter Louise, rechts meine Mutter, mir gegenüber der Vater, und Christel zwischen den Eltern.

Bei Tisch durften wir Kinder nicht sprechen. Wenn ich es trotzdem tat, bekam ich flugs von Großmutter mit deren Löffel einen Schlag auf den Mund mit der kurzen Bemerkung: „Hüll dien Muul!“ Ja, auf Hochdeutsch heißt das: „Halt dein Maul!“, aber so war es nicht gemeint. Der Begriff „Muul“ war eher eine Verniedlichung von „Mäulchen“.

Wenn Großmutter gezüchtigt hatte, saß Vater nach altem Familienbrauch schweigend dabei. Und so war beim ersten Mittagessen nach meiner Rückkehr auch die längst verstorbene Großmutter in Gedanken wieder gegenwärtig.

Am nächsten Tag begann auch für mich der Alltag und nach einer sehr bewegten Vergangenheit nun mein drittes Leben nach dem zweiten, das am 22. April 1945 begann, als ich vor meiner Exekution bewahrt wurde. Damals hatte ich Gott versprochen, mein Leben in seine Hände zu legen.

So bin ich dann endlich getrost meinen Weg mit Gottes Hilfe und Beistand in das neue Leben hineingegangen und habe es von meinem Herrn für mich und andere zum Segen entfalten lassen.

Mein silberner Löffel hat mich dabei bis heute bei jeder Mahlzeit begleitet.

Nachtrag

Wenn ich all das, was ich jetzt aufgeschrieben habe, noch einmal lese und die Geschehnisse aus der alten Zeit an meinem geistigen Auge vorüberziehen lasse, bekomme ich meiner Großmutter gegenüber ein etwas schlechtes Gewissen. Unsere Oma Louise war im Grunde ihres Herzens eine humorvolle Frau, die auch über sich selbst lachen konnte, aber vieles von dem, was ich geschildert habe, war ihr gewiss sehr ernst, zumal sie eine sehr selbstbewusste Dame war.

Doch die nachfolgenden Generationen sehen es anders. So konnte sich meine Mutter gern – oft mit etwas überheblicher Kritik – über Verhaltensweisen der Großmutter amüsieren.

Sie war damals noch jung; bei Großmutters erster Autofahrt mit dem Sohn – vorher hatte Oma noch nie in einem Personenkraftwagen gesessen – war meine Mutter kaum 40 Jahre alt, stand mitten im Leben. Als dann auch meine Mutter ins betagte Alter kam, hat auch sie uns oft zum Schmunzeln gebracht.

Sehr zu schaffen machten ihr die Flugzeuge, obwohl wir deren Betrieb in meiner Jugendzeit fast vor der Tür hatten. Fünf Kilometer von uns entfernt war der größte Militärflugplatz Pommerns, und so gehörte das Brummen der Maschinen über unserem Haus zum alltäglichen Ton.

Nicht einverstanden war sie mit meinem Segelflugsport und erst recht nicht, als ich mich im

Krieg zum fliegenden Personal der Luftwaffe meldete.

Mutter war 84 Jahre alt, als ich ihr, wie ich meinte, ein für sie fast unmögliches Angebot unterbreitete. Aus dienstlichen Gründen musste ich wiederholt nach Berlin fliegen, und da dort Mutters Lieblingscousine wohnte, die schon oft eine Einladung ausgesprochen hatte, bot ich Mutter an, mich zu begleiten. Ich traute meinen Ohren nicht, als sie kommentarlos einwilligte. Die Fahrt zum Flugplatz, das Einchecken, alles ging reibungslos.

Ich hatte für Mutter einen Fensterplatz gebucht. Unverabredet nahm neben mir ein alter Bekannter Platz, Chefredakteur einer Wochenzeitung. Dann anschnallen, der Druck in den Ohren während des Startens und Abhebens. Alles keine Probleme, als seien das für Mutter Alltäglichkeiten.

Als wir eine gewisse Höhe erreicht hatten und die erste Wolkenschicht am Fenster vorbeizog, machte ich Mutter darauf aufmerksam.

„Wolken?“, sagte Mutter und lachte, als wollte ich sie auf den Arm nehmen, „Junge, das ist der Dampf von der Maschine.“

Mein Bekannter und ich amüsierten uns köstlich, dann sagte er:

„Das ist für mich eine nächste Zeitungsente.“

Eine halbe Stunde Flugzeit, und wir landeten in Berlin-Tempelhof.

„Mutter, wir sind in Berlin.“

„Junge, das ist doch nicht wahr; von Stargard fuhr man mit dem Auto drei Stunden.“

Als ich meine Mutter schließlich überzeugt hatte, sagte sie:

„Du hast nun so viel Geld für den Flug bezahlt, und es sitzt sich hier so gut, besser als im Bus und im Auto; dann lass uns noch eine Station weiterfliegen. Wir können ja mit der Taxe zurückfahren."

Ja, auch diese kleine Anekdote gehört zu dem Thema „Aus Großmutters Zeiten".

Inzwischen habe ich selber Großkinder, und das erste Urgroßkind hat sich auch schon angemeldet. Was werden sie später über mich schreiben, wenn ich nur daran denke, dass ich wie viele meiner Generation mit dem Computer immer noch auf Kriegsfuß stehe? Warten wir es ab.